ESSAI

DE

PEINTURE A L'HUILE.

IMPRRIMERIE DE HENNUYER ET TURPIN, RUE LEMERCIER, 24.
Batignolles

ESSAI

DE

PEINTURE A L'HUILE

OU

MANUEL INDISPENSABLE

A TOUTE PERSONNE QUI S'OCCUPE DE CE MODE DE PEINTURE ;

DÉDIÉ

𝔄 son ami et élève 𝔐. Raffort,

PAR THÉNOT,

Peintre, professeur, auteur du premier système de dessin raisonné
et de plusieurs traités de perspective, de paysage, aquarelle, lithographie, fleurs, etc.;
nommé premier candidat pour la chaire de professeur de perspective à l'École
royale des Beaux-Arts, section de l'Institut ; nommé aussi par concours
premier candidat pour celle de professeur de dessin du Museum d'histoire naturelle,
en remplacement de feu Huet ; ancien membre de la Société libre des Beaux-Arts,
professeur à l'Athénée royal de Paris, et rédacteur de plusieurs journaux
et revues périodiques.

PARIS,

CHEZ ALPHONSE SAINT-MARTIN,

A LA PALETTE DE RUBENS, RUE DE SEINE, 6, PRÈS LE PALAIS DE L'INSTITUT,

chez les principaux marchands de couleurs,

ET CHEZ LES LIBRAIRES DE PARIS, DES DÉPARTEMENTS ET DE L'ÉTRANGER.

1842.

1
2
3
4
5
6
7
8
8 bis
9
10

ESSAI

DE PEINTURE A L'HUILE.

＊＊◆◆◆＊＊

PLANCHE PREMIÈRE.

DES OBJETS QU'IL EST NÉCESSAIRE DE SE PROCURER POUR PEINDRE
A L'HUILE.

Des couleurs.

Les couleurs jouant le rôle le plus important dans la représentation de la nature, elles doivent, par cette raison, être
désignées avant tous autres objets. J'aurais pu indiquer
dans une seule liste toutes celles dont on peut faire usage,
en faisant remarquer le genre particulier dans lequel elles
peuvent servir de préférence ; mais j'ai pensé qu'il était
plus rationnel de réunir ces couleurs en catégories correspondant à chacun des divers genres auxquels elles doivent
être employées. Du reste, connaissant la vénération qu'ont
les peintres même pour le nombre exact et le choix des
couleurs dont les hommes supérieurs ont formé leur palette,
j'ai disposé mes catégories de manière qu'elles correspon-
dent exactement au nombre de couleurs adopté par les artistes éminents dans chacun des différents genres : portrait,

1

paysage, intérieur, marine, etc. Quelques-uns de ces maîtres étant morts, il m'a été facile d'obtenir ce que je désirais de la complaisance de leurs principaux élèves. Quant à ceux qui concourent aujourd'hui à notre gloire, je me suis rendu chez eux afin de noter sur leur palette même.

L'élève doit choisir les couleurs d'une des palettes correspondant au genre qu'il veut adopter.

Peinture d'histoire et de portrait.

PALETTE DE DAVID. *Ordre des couleurs à partir du pouce.* Blanc de plomb, jaune de Naples, ocre jaune, ocre de ru, ocre d'Italie, brun-rouge, terre de Sienne brûlée, laque carminée fine, terre de Cassel, noir d'ivoire, noir de pêche ou de vigne indistinctement, bleu de Prusse, outremer, bleu minéral ; puis il plaçait en dessous de ces couleurs le cinabre et le vermillon. Vers la fin de sa carrière il ajouta à ses couleurs le chrome jaune et le chrome rouge pour peindre les draperies seulement.

PALETTE DE GROS, qui m'a été communiquée par M. Mauzaisse, qui n'emploie encore aujourd'hui que ces mêmes couleurs : bleu de cobalt, terre verte, chrome jaune, chrome rouge, blanc de plomb, jaune de Naples, ocre jaune, ocre de ru, terre de Sienne naturelle, brun-rouge, vermillon, cinabre, laque ordinaire de garance, terre de Sienne brûlée, bitume, terre de Cassel, noir de pêche, bleu de Prusse.

PALETTE DE M. INGRES. Blanc de plomb, blanc d'argent, jaune de Naples, ocre jaune, ocre de ru, terre d'Italie naturelle, terre de Sienne naturelle, terre de Sienne brûlée, vermillon, cinabre, brun-rouge, brun de Vandyck, cobalt, bleu minéral, bleu de Prusse, noir d'ivoire, laque de garance rouge.

PALETTE DE M. ROUGET. Elle est la même que celle de David, que je dois à son obligeance ; il y a seulement ajouté la *laque jaune* de gaude.

Peinture du paysage.

PALETTE DE M. WATELET. Blanc de plomb, jaune brillant, jaune de chrome clair, jaune indien, laque fine de garance, ocre jaune, terre d'Italie naturelle, jaune et orangé de Mars, terre de Sienne brûlée, vermillon, brun-rouge, bitume, noir d'ivoire, bleu de Prusse, outremer.

PALETTE DE M. LAPITO. Blanc de plomb, jaune brillant, chrome clair, ocre jaune, terre d'Italie naturelle, ocre de ru, terre de Sienne naturelle, laque jaune de gaude, vert émeraude, vermillon, brun-rouge, terre de Sienne brûlée, laque rouge de garance, bleu minéral, noir d'ivoire, cobalt, bitume.

Peinture de genre,
C'est-à-dire de la figure et du paysage réunis.

MA PALETTE. Blanc de plomb, jaune brillant, jaune minéral, jaune de chrome clair, vert émeraude, laque jaune

1.

de gaude, jaune indien, ocre jaune , ocre de ru, terre d'Italie naturelle, chrome rouge, rouge de Mars, vermillon, laque fine de garance , laque rose de Smyrne , bitume, noir d'ivoire , laque violette de Smyrne , cobalt, bleu de Prusse.

Peinture des fleurs et des fruits.

J'indiquerai encore MA PALETTE, vu qu'elle a beaucoup de rapport avec celles des artistes qui s'occupent spécialement de ce genre.

Peinture d'intérieur.

PALETTE DE M. BOUTON. Blanc de plomb, jaune de Naples, jaune indien, ocre jaune, ocre de ru, vermillon, brun-rouge, terre de Sienne naturelle, terre de Sienne brûlée, terre de Cassel, bitume, noir de vigne, noir d'ivoire et bleu minéral ; puis en seconde rangée, de même à partir du pouce, bleu de cobalt, laque de garance, jaune et rouge de Mars, vert émeraude, laque jaune et laque Robert.

PALETTE DE M. RENOUX. Blanc de plomb, jaune de Naples, jaune brillant, ocre jaune, ocre de ru, terre de Sienne naturelle, terre d'Italie naturelle, rouge d'Anvers, brun-rouge, vermillon, terre de Sienne brûlée, laque de garance, bitume, terre de Cassel, noir d'ivoire, bleu de Prusse et cobalt.

PALETTE DE M. DAUZATS. Elle est semblable à celle de

M. Renoux, sauf à retrancher le rouge d'Anvers, et à y ajouter la laque Robert et l'outremer.

Peinture de marine.

PALETTE DE M. GUDIN. Blanc de plomb, jaune brillant, jaune de Naples, ocre jaune, ocre de ru, terre de Sienne naturelle, vermillon, brun-rouge, terre de Sienne brûlée, laque fine de garance, bitume, terre de Cassel, noir d'ivoire, bleu de Prusse, cobalt.

Peinture des animaux.

PALETTE DE M. BRASCASSAT. Blanc de plomb, jaune de Naples, ocre jaune, terre d'Italie naturelle, terre de Sienne naturelle, laque jaune Robert, laque de garance, brun-rouge, terre de Sienne brûlée, terre de Cassel, bitume, noir d'ivoire, bleu de Prusse, bleu d'outremer, cobalt.

PALETTE DE M. WERBOECKHOVEN. Blanc d'étain, jaune de Naples, ocre jaune, ocre brune, ocre jaune brûlée, tête-morte, terre de Sienne calcinée, noir d'ivoire, vermillon de la Chine, laque de garance, outremer, bleu de Prusse.

De la palette.

Fig. 1 et 2. *La palette* doit être de sorbier, de pommier ou de poirier sauvage, et de forme rectangulaire pour le peintre de paysage ; elle sera de forme ovale pour le peintre de figure humaine. Cette dernière forme donne à la palette l'avantage de se caser plus facilement dans la boîte aux études, et surtout d'y être fixée solidement, ce qui permet de la serrer tout apprêtée, toute couverte de couleurs, avantage de la plus grande importance pour le paysagiste en voyage, désireux de reproduire les aspects et effets qui, à cause de leur mobilité, exigent d'être saisis sans le moindre retard.

De la boite dont l'usage est de contenir ce qu'il faut pour peindre.

Il y en a de diverses formes et grandeurs ; quand elles doivent rester dans l'atelier elles sont toutes différentes et différemment distribuées dans leur intérieur que celles destinées aux voyages, ou seulement pour aller faire des études dans les campagnes.

Des brosses, des pinceaux et du blaireau.

Fig. 3 et 4. Ces deux figures représentent les grosseurs extrêmes que doivent avoir les pinceaux et les brosses rondes ; mais comme elles ne suffisent pas, il faut en choisir au moins une demi-douzaine de grosseur intermédiaire, ce qui fait huit.

Fig. 5 et 6. De même, ces figures contiennent les grosseurs extrêmes que doivent avoir les brosses et pinceaux plats ; il faut en choisir six de grosseur intermédiaire à ces deux ; seize en tout.

Fig. 7. Un blaireau de cette grosseur est suffisant pour les tableaux de chevalet.

Des couteaux à palette.

Fig. 8 et 8 *bis*. Il en faut deux, un de fer et un de corne ; le premier sert à nettoyer la palette, et le second pour faire le mélange des couleurs et obtenir les teintes et nuances les plus délicates.

De la glace et de la molette.

Fig. 9. Il faut une glace dépolie, puis une molette, fig. 10, afin de broyer les couleurs quand elles sont trop sèches, ou bien lorsqu'à la campagne on veut employer des couleurs en poudre ou en pastilles, afin de les avoir toujours bien fraîches.

Des chevalets.

Les chevalets ont différentes formes, suivant la grandeur des tableaux et les lieux dans lesquels on doit s'en servir. Ceux qui sont destinés à faire des études à la campagne se replient, afin d'être aussi portatifs que possible.

De l'appui-main.

L'appui-main des peintres de figure humaine est ordinairement d'une seule pièce, celui des peintres de paysage est formé de plusieurs morceaux qui s'ajoutent à la suite les uns des autres.

Des toiles.

On doit prendre les toiles de la même grandeur que les études que l'on veut faire ; il faut choisir celles qui ont le grain fin et toute la surface bien lisse.

Des huiles, du vernis et des godets qui servent à contenir l'huile.

Les huiles sont contenues dans de petites bouteilles ; il en faut de deux sortes : de l'*huile grasse* et de l'*huile d'œillette;* puis on ajoute une petite fiole de vernis copal, et deux petits godets qui se fixent momentanément après la palette, et dans lesquels on met un peu d'huile qui sert à délayer les couleurs suivant le besoin.

———

Toutes les fois que l'on se propose de représenter fidèlement la nature au moyen de couleurs apprêtées à l'huile, au vernis, ou simplement à la gomme, c'est-à-dire de peindre à l'huile, au vernis ou à l'aquarelle , on doit tâcher d'atteindre, avant tout, à la triple vérité de forme, de couleur et d'expression ; pour parvenir à ce but, tous les moyens d'exécution sont bons quand ils conduisent au résultat désiré.

Les moyens d'opérer diffèrent suivant les divers modes de peinture, et souvent dans le même mode ; plusieurs procédés pratiques qui, au premier aspect, semblent ne devoir donner que des résultats opposés, en donnent cependant qui sont à peu près les mêmes; l'expérience seule peut fixer les idées sur ce point et faire adopter telle manière de procéder plutôt que telle autre. Le choix étant arrêté, il ne faut pas conclure que toutes les autres ressources d'exécution doivent être rejetées; formuler un tel arrêt serait absurde, car il est reconnu que tels moyens manuels qui ne conviendraient pas à un artiste, peuvent être choisis et adoptés exclusivement par un autre. Il est certain que pour atteindre au même but les artistes suivent parfois des routes toutes différentes, et quand ils ne peuvent arriver, il est rare qu'ils doivent attribuer leur impuissance à l'emploi des procédés manuels, mais bien plutôt à leur ignorance des connaissances et principes de la science, qui constituent les bases de l'art véritable. D'où je conclus qu'il faut une grande tolérance quant aux divers procédés pratiques que chaque peintre s'approprie, ses moyens de confection étant généralement en harmonie avec son être, avec sa manière de sentir, de penser et de voir. En effet, n'est-il pas reconnu que dans tous les ouvrages créés par l'homme, et dans lesquels il met en évidence les ressources de son intelligence et l'énergie dont son âme est capable, il tend toujours à s'y reproduire; c'est-à-dire qu'en réfléchissant l'univers, l'homme réfléchit aussi son individualité, sa personnalité, et que les moyens qu'il emploie pour cela lui appartiennent en propre, comme étant sa manière de s'énoncer, son langage particulier? Donc, plus on pourra mettre à sa disposition de moyens pratiques faciles et perfectionnés, plus le choix qu'il se trouvera à même d'en faire pourra être heureux, et plus il devra espérer de parvenir à un résultat satisfaisant.

La peinture à l'huile est, de toutes les différentes manières d'employer les couleurs, celle qui, par la variété et la simplicité de ses procédés, offre le plus de ressources à l'artiste, et le met, par cette raison, le plus à même d'atteindre la fidélité de représentation, but constant vers lequel doivent tendre ses efforts persévérants ; c'est-à-dire que par ce mode de peindre il peut parvenir à un point de perfection tel, que le contour, le relief et l'animation produisent illusion complète.

Il ne faut pas croire que les grands maîtres dont nous admirons les œuvres, ceux-là même qu'à juste titre on regarde comme ayant été de véritables génies, aient pu retracer du premier coup et d'une touche invariablement complète toutes les parties de leurs tableaux ; cela est presque impossible : car, bien qu'à l'avance ils aient pu concevoir, méditer et étudier leurs sujets sous toutes leurs formes, il est probable que des parties entières ont dû être retouchées, améliorées, afin de faire concourir le tout à une harmonie générale et en même temps à l'effet unique qui doit mettre en évidence le sujet principal. Mais je suppose qu'un homme soit doué d'une organisation tellement supérieure, que, s'étant rendu compte de ce qu'il veut faire, il puisse reproduire toute sa pensée d'un pinceau dont l'assurance ne laisse rien à désirer ; cette exécution hardie et exceptionnelle ne pourrait faire loi, et forcer toutes les personnes qui se livrent à la pratique de la peinture de procéder de la même sorte : bien loin de là, il est reconnu que ce n'est que par un travail assidu, et à force de patience, de persévérance, et même en recommençant quelquefois des parties entières, qu'on arrive ordinairement au but de ses désirs ; la nature humaine est créée de telle sorte qu'il ne lui est pas donné d'être infaillible, mais seulement d'approcher très-près de la perfection. Mais, autant que possible, tout tableau doit être peint ou avoir l'air de l'être avec une extrême facilité : non que je fasse le moindre cas de la facilité de convention, de cette facilité ignorante et routinière qui pose au hasard des tons hasardés ; pour moi, la meilleure exécution est celle qui procède avec tout le souffle de la confiance, sans hésitation, sauf à revenir sur le résultat s'il n'est pas satisfaisant en tout point. Donc la facilité, comme je l'entends, est la compagne du vrai sentiment, du savoir ; c'est la conséquence naturelle d'études consciencieuses, qui seules peuvent mettre à même l'homme doué d'une vocation dans les arts, de retracer sa pensée pleine et entière.

Lorsque l'on prétend au titre d'artiste, n'importe quel genre on ait adopté, on doit posséder à fond la connaissance de toutes les parties qui régissent l'art. La première étude à faire est celle du *dessin morphographique* : ce système, dont je suis le créateur, et que j'ai basé sur les lois de la perspective, est la véritable grammaire du dessin en général ; car il enseigne à représenter avec certitude et par raisonnement la forme apparente de tous les objets, comme contour et modelé.

La perspective proprement dite vient ensuite ; elle détermine par des opérations de la plus grande justesse la place exacte et la forme apparente de tout ce qui doit entrer dans la composition des tableaux ; en plus de ce tracé, elle donne rigoureusement la limite du clair, de l'ombre, et la réflection ou mirage des objets sur la surface des eaux calmes, des glaces et des corps polis.

Chaque genre ayant ensuite sa science particulière, le peintre de figure humaine doit connaître en plus l'homme, comme os, particulièrement aux endroits où ils font relief sous la peau ; les articulations, la forme changeante des muscles, de leurs attaches et fonctions, la direction des fibres musculaires, les tendons, les aponévroses, etc. ; puis leurs rapports et harmonies dans les effets généraux et particuliers auxquels ils concourent dans toutes les actions de la vie. Il doit aussi approfondir l'étude de la phrénologie, celle des races humaines, des caractères, des tempéraments, des passions, et l'histoire physique et morale des peuples qu'il veut représenter.

La science du peintre de paysage, quoique étant tout autre, n'en est pas moins très-étendue ; car il doit posséder la connaissance raisonnée de la physionomie des arbres, comme masse et détails ; puis des rochers, des ter-

rains, des diverses plantes qui peuvent orner un premier
plan ; il doit aussi avoir étudié à fond l'intensité, la dégrada-
tion et le jeu de la lumière ; les ciels, l'agencement des nuages, leurs formes variées, la planimétrie des eaux, leurs degrés de réflection, l'histoire de l'architecture ; et tout cela
suivant leur exposition, les diverses heures du jour et de
la nuit, les crises et variations de l'atmosphère, les climats,
les latitudes, et surtout leur plus ou moins grand éloignement de l'œil.

A part toutes ces richesses, et comme complément indispensable, tout artiste doit encore être initié aux diverses
phases que son art a parcourues, ce qui seul peut le faire
profiter des découvertes de ses devanciers et des amé-
liorations apportées par l'expérience. Cette étude lui faisant connaître quelle est la hauteur à laquelle est arrivé
le progrès, il pourra en faire son profit et devenir un ha-
bile praticien ; mais si la philosophie et les inspirations
poétiques électrisent son âme au point de développer et
entretenir le feu de son génie, il pourra espérer atteindre
le perfectionnement qui constitue l'artiste dont le nom
glorieux survit à ses œuvres.

Quelques hommes de conscience se sont effrayés de voir
que de notre temps les beaux-arts, abandonnés sans direction au caprice de chacun, marchent à l'aventure ; que la
plupart de ceux qui les pratiquent, ne possédant pas assez
d'instruction artistique, trouvent plus facile de ne respec-
ter aucune des règles fixes, seules capables cependant d'im-

poser une certaine mesure à l'intempérance du pinceau des jeunes peintres, trop disposés le plus souvent à se laisser aller sans réserve à l'exubérante fécondité de leur fantaisie capricieuse. Alors, que résulte-t-il de cette aberration? C'est que, le travail n'étant pas fécondé par la science, les produits manquent de vérité, et que parfois ils ne s'appuient même pas sur la probabilité; aussi rencontre-t-on des œuvres dont l'étrangeté est moins originale que bizarre. La faute n'en est certainement pas tant aux artistes qu'à notre époque d'illustrations éphémères; époque où chacun court après un jour de publicité, que l'on désigne pompeusement du nom de gloire; époque de renommées forcées, qui disparaissent subitement pour faire place à d'autres renommées qui, à leur tour, seront éclipsées de même.

Il ne faut donc pas désespérer de l'art pour quelques hallucinations plus ou moins extravagantes, mais se souvenir surtout que cette phalange compacte de jeunes talents, qui s'est formée spontanément et s'est accrue dans des proportions effrayantes depuis 1820, est composée en grande partie de ces âmes aventureuses qui, sous la république et l'empire, s'en allaient chercher dans la carrière des armes ce qu'aujourd'hui elles veulent conquérir dans une spécialité moins dangereuse, mais qui n'en offre pas moins un vaste champ de combat à outrance. Du reste, n'est-il pas reconnu que rien sur la terre ne peut rester stationnaire? que parmi les diverses phases de développement et de progrès, il en faut parfois de décadence et même de perturbation complète, afin de pouvoir aller plus avant? qu'en effet, arrivé au point le plus élevé de la perfection, il est rare qu'une époque de réaction n'en soit presque toujours la suite naturelle, une nécessité qui doit concourir au développement de nouveaux accroissements qui sont en germes?

La meilleure école devient rétrograde dès le jour qu'elle ne peut ajouter de nouvelles richesses à celles déjà acquises, et, quelque sévère qu'elle puisse être dans ses principes, elle perd tout prestige, toute autorité lorsqu'elle n'est plus qu'une routine, qu'une gauche reproduction des préceptes et des procédés du maître, sans aucun reflet de son génie. Alors, quand la véritable inspiration, quand l'invention, quand enfin tous les éléments qui ont concouru à sa grandeur semblent épuisés, arrivent encore une fois les barbares; non pas comme Attila, le fléau des villes antiques, mais des barbares non moins dangereux, car ils ravagent les vrais principes, insultent aux chefs-d'œuvre et sont le fléau de l'art, du goût et du bon sens.

Les luttes qui sont la suite naturelle de cet état tirent de leur engourdissement les règles de la science, les lois sur lesquelles il faut que l'art s'appuie de rigueur; tous les bons principes entrent en lice pour en ressortir régénérés et plus forts qu'avant tous combats.

Il est constant que ces mouvements de perturbations si déplorables sont aussi nécessaires à la conservation et à

l'accroissement de la puissance de l'intelligence humaine,
que les flots, les courants, les tempêtes, sont indispensables à la salubrité éternelle des eaux de l'Océan. Supprimez
dans la pensée les causes providentielles de l'agitation, et
la corruption des mers devient inévitable.

Qu'importe un court temps d'arrêt dans la marche d'une
école? que sont quelques années dans ce développement
graduel des facultés de tant d'artistes? Sommes-nous aujourd'hui au terme, ou seulement au début de la carrière
nouvelle dans laquelle nos arts sont entrés? Certes, ce
n'est pas en quinze ou vingt ans qu'un système de peinture accomplit sa mission; la grande école des Poussin, des
Lesueur, des Claude le Lorrain, des Lebrun a régné de
quatre-vingts à quatre-vingt-dix ans; celle des peintres
de l'afféterie et des écarts bizarres de l'imagination a eu
un succès qui a commencé vers 1720 et n'a guère duré
plus de quarante à quarante-cinq ans, car la régénération
qui a conduit à la belle école de David ne date pas, comme
l'ont avancé plusieurs critiques, de 1774, année dans laquelle
ce grand maître a remporté le premier prix à l'Académie
royale de peinture ; cette réforme avait été commencée depuis longtemps par le célèbre Vien, membre de l'Académie
et peintre du roi, qui professait depuis 1750, et qui depuis
cette époque n'avait cessé de lutter par son exemple et ses
préceptes pour ramener l'art dans la bonne route et rendre
à l'école française dégénérée sa supériorité et sa gloire.

L'école actuelle, qui par système n'a guère eu, jusqu'à

présent, que la variété et la confusion de tous les systèmes,
a par cela même plus de chances peut-être de soutenir l'intérêt et même d'arriver à un degré de perfection au-dessus de toutes celles qui l'ont précédée; son caractère est
donc de ne pas avoir de caractère particulier, mais de se
distinguer par une aptitude à imiter celui qu'elle veut
prendre : on peut dire, en ne la considérant toujours qu'en
général, qu'elle réunit à un point satisfaisant les différentes
parties de l'art, sans se distinguer cependant par aucune
partie spéciale et sans porter aucune de ces parties à un
degré éminent. Mais ce qu'il est majeur de constater,
c'est que depuis que la plupart des peintres n'ont plus
voulu suivre dans leurs procédés manuels d'autre règle
que le hasard, il a dû en résulter naturellement un déver-
gondage d'exécution tel, qu'il a semblé pour un moment
ne pouvoir être que le résultat de cerveaux en démence.
Cependant, c'est de cette époque que date pour la peinture
une ère nouvelle; car ce chaos, bien loin d'être aussi
déplorable qu'il avait paru devoir l'être, a apporté, au contraire, dans les procédés pratiques d'immenses améliora-
tions, et surtout une richesse de moyens techniques incon-
nue des anciens.

Quoique je suppose que l'on sache dessiner quand on
veut passer à la pratique de la peinture, cependant j'ai
pensé être utile en envisageant mon sujet comme si j'avais
à faire une grande partie de l'éducation artistique; en

conséquence, j'ai composé ce Manuel de manière qu'il résume les études progressives qu'il est indispensable de faire pour parvenir à représenter fidèlement sur une toile, au moyen de couleurs, la nature, et les inspirations que l'on peut avoir.

De la géométrie.

La *géométrie* ayant pour but de reconnaître d'après nature, ou seulement d'après une description, la forme des corps, et de donner les méthodes les plus simples pour représenter ces corps, a une trop grande importance pour qu'elle ne trouve pas place en tête d'un livre dont la spécialité est de traiter des beaux-arts d'imitation, ou de la représentation exacte des corps.

DEUXIÈME PLANCHE.

Définition des figures géométriques.

Tout *corps solide* est un espace limité qui réunit les trois dimensions de l'étendue, que l'on désigne sous les noms de *hauteur*, *longueur*, et *profondeur* ou *épaisseur*. Les corps solides sont limités par des surfaces, les surfaces le sont par des lignes, et les lignes peuvent être considérées comme le résultat de points pris et à la suite les uns des autres.

Du point et des lignes.

Le *point* des géomètres est un infiniment petit, qui ne

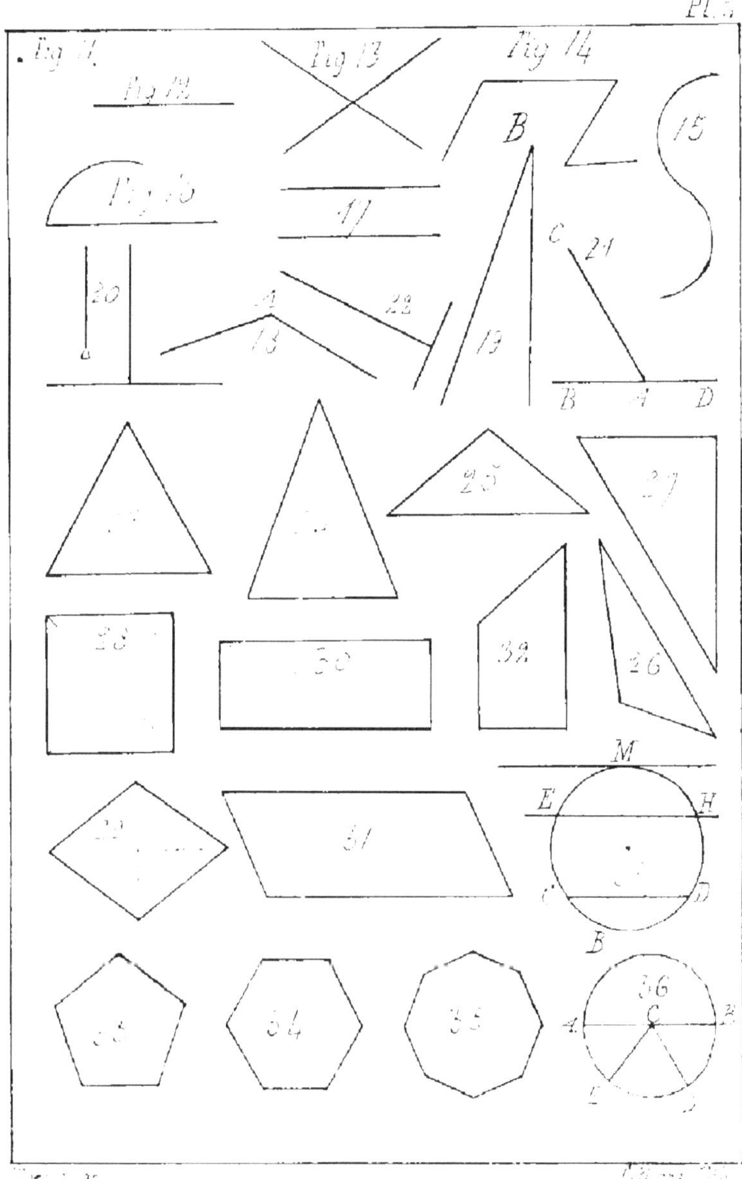
Fig. 11
Fig. 12
Fig. 13
Fig. 14
Fig. 16
15
17
20
B
C
21
A
13
22
13
13
B
A
D
24
25
27
28
30
32
26
29
31
M
E
H
D
B
33
34
35
36
C
A
B

peut avoir aucune dimension, c'est-à-dire ni hauteur, ni largeur, ni épaisseur. Mais les artistes sont obligés, dans le tracé de leurs tableaux, de se servir de figures visibles ; ils ont donc adopté et désigné sous le nom de *point* une figure telle que celle représentée fig. 11.

Fig. 12. La *ligne* est une longueur, sans largeur ni épaisseur. Les extrémités d'une ligne se distinguent sous le nom de *points*.

Fig. 13. On appelle aussi *point* l'endroit où deux lignes se rencontrent.

Il y a plusieurs sortes de lignes ; savoir, la *ligne droite,* la *ligne brisée*, la *ligne courbe* et la *ligne mixte.*

Fig. 12. La *ligne droite* est la plus courte distance d'un point à un autre.

Fig. 14. La *ligne brisée* est composée de lignes droites.

Fig. 15. La *ligne courbe* n'est ni droite ni composée de lignes droites ; c'est une suite de points qui ne sont pas dans la même direction.

Fig. 16. La *ligne mixte* est composée de droites et de courbes.

Fig. 17. On appelle *lignes parallèles* des lignes placées dans la même direction, qui conservent toujours le même espace entre elles, et conséquemment ne peuvent jamais se rencontrer.

Fig. 20. La *ligne verticale* est parallèle à un fil à plomb.

Des angles.

Un *angle* est l'espace indéterminé qui se trouve entre deux lignes qui se coupent ou qui se joignent en un point. Le point de rencontre est le *sommet de l'angle*, et les lignes qui le forment en sont les *côtés*. *L'ouverture de l'angle* est l'espace contenu entre les côtés de l'angle.

Fig. 18 et 19. La lettre placée au sommet de l'angle sert à le dénommer : ainsi on dirait l'angle A, l'angle B.

Fig. 21. Lorsque plusieurs angles se touchent au sommet, on les désigne par trois lettres, ayant soin d'énoncer la lettre du sommet entre les deux autres; ainsi on dit l'angle BAC, l'angle CAD.

Fig. 18 et 19. La grandeur de l'angle ne dépend pas de la longueur de ses côtés, mais de leur écartement. Exemple : l'angle A est plus grand que l'angle B.

Il y a plusieurs sortes d'angles ; savoir, l'*angle droit*, l'*angle aigu*, l'*angle obtus*.

Fig. 20 et 22. L'*angle droit* est formé par deux lignes perpendiculaires l'une à l'autre.

Une ligne est *perpendiculaire* à une autre lorsqu'elle la rencontre sans pencher plus d'un côté que de l'autre; la perpendiculaire est donc le plus court chemin d'un point à une ligne.

Tous les angles droits sont égaux.

Fig. 19. L'*angle aigu* est moins ouvert que le droit.

Fig. 18. L'*angle obtus* est plus ouvert que le droit.

Deux angles sont égaux quand ils ont la même ouverture.

Remarque. — Il ne faut pas confondre *perpendiculaire* avec *verticale*, vu qu'une ligne ne peut être perpendiculaire que lorsqu'une autre ligne fait angle droit avec elle, tandis que la verticale n'a pas besoin d'autre ligne.

Dès qu'une ligne est parallèle à un fil tendu, à l'extrémité duquel on a suspendu un plomb, elle est verticale, etc.

Toutes les verticales sont parallèles.

Toute ligne qui fait angle droit avec une verticale est une *ligne placée horizontalement.*

Des surfaces.

Surface est ce qui a longueur et largeur sans hauteur ou épaisseur.

Surface plane : on peut y appliquer une règle en tous sens.

Le *plan* est une surface plane.

Toute surface qui n'est ni plane ni composée de surfaces planes est une *surface courbe.*

Figure rectiligne ou *polygone :* nom général donné aux surfaces terminées par des lignes droites.

Le polygone de trois côtés est le plus simple de tous, il s'appelle *triangle;* celui de quatre côtés s'appelle *quadrila-*

tère ; celui de cinq, *pentagone ;* celui de six, *hexagone ;* et celui de huit, *octogone,* etc.

Les *triangles* se désignent sous différents noms, suivant la position et le rapport de la longueur de leurs côtés.

Fig. 23. Le *triangle équilatéral* a tous ses côtés égaux.

Fig. 24 et 25. Le *triangle isocèle* a seulement deux côtés égaux.

Fig. 26. Le *triangle scalène* a tous ses côtés inégaux.

Fig. 27. Le *triangle rectangle* est celui qui a un angle droit ; le côté opposé à l'angle droit s'appelle *hypoténuse.*

Parmi les quadrilatères on distingue le *carré,* le *losange,* le *rectangle,* le *parallélogramme* et le *trapèze.*

Fig. 28. Le *carré* a ses côtés égaux et ses angles droits.

Fig. 29. Le *losange* a les côtés égaux sans avoir les angles droits.

Fig. 30. Le *rectangle* a les côtés opposés égaux et les angles droits.

Fig. 31. Le *parallélogramme* ou *rhombe* a les côtés opposés égaux et parallèles, sans avoir les angles droits.

Fig. 32. Le *trapèze* a seulement deux côtés parallèles.

Fig. 28 et 29, etc. La *diagonale* est une ligne qui joint les sommets de deux angles non adjacents.

Si l'on mène les diagonales d'un carré, d'un losange, d'un rectangle, elles donnent à leur rencontre le milieu juste de ces figures.

Fig. 33. Le *pentagone* est une surface de cinq côtés.

Fig. 34. L'*hexagone* est une surface de six côtés.

Fig. 35. Une surface de huit côtés est un *octogone*.

Une *surface est régulière* quand tous ses côtés sont égaux et placés régulièrement, ou bien seulement quand ses côtés opposés sont égaux et disposés absolument de même.

Du cercle.

Fig. 36. Le *cercle* est une surface terminée par une ligne courbe, nommée *circonférence du cercle.*

La *circonférence du cercle* est une ligne courbe dont tous les points sont également distants d'un point intérieur qu'on appelle *centre.*

Le *rayon* est une ligne droite menée du centre à la circonférence, tel que CA , CD , CE, etc.

Tous les rayons d'un même cercle sont égaux.

Le *diamètre* est une ligne droite qui, passant par le centre, se termine à deux points opposés de la circonférence, comme AB, et la divise en deux parties égales.

Tous les diamètres d'un même cercle sont égaux et doubles des rayons.

Fig. 37. L'*arc de cercle* est une portion de la circonférence, comme CBD.

La *corde* est une ligne droite CD qui joint les extrémités de l'arc ; le diamètre est la plus grande corde qu'on puisse mener dans un cercle.

La *sécante* est une ligne droite qui traverse le cercle et coupe la circonférence en deux points, comme EH.

La *tangente* est une ligne droite hors du cercle et qui ne peut toucher la circonférence qu'en un seul point M, qu'on appelle *point de contact*.

On appelle *figure inscrite* celle dont tous les angles ont leurs sommets à la circonférence d'un cercle; en même temps on dit que le cercle est *circonscrit* à cette figure.

Un polygone est circonscrit à un cercle lorsque tous ses côtés sont des tangentes à la circonférence; dans ce cas on dit que le cercle est inscrit dans le polygone.

TROISIÈME PLANCHE.

Des solides.

Le *solide* ou *corps* réunit les trois dimensions de l'étendue : longueur, largeur et hauteur ou épaisseur.

Un corps ne peut être privé de l'une de ces dimensions sans cesser d'exister, car il n'est distinct que parce qu'il est terminé, qu'il a des limites, sans lesquelles il ne saurait être conçu; ces limites sont des surfaces.

L'intersection commune de deux faces adjacentes d'un solide est une ligne qui se désigne sous le nom de *côté* ou *arête* du solide.

Fig. 38. Le *cube* est un corps solide, limité par six carrés égaux.

Fig. 39. Le *prisme* est un solide formé par des rectan-

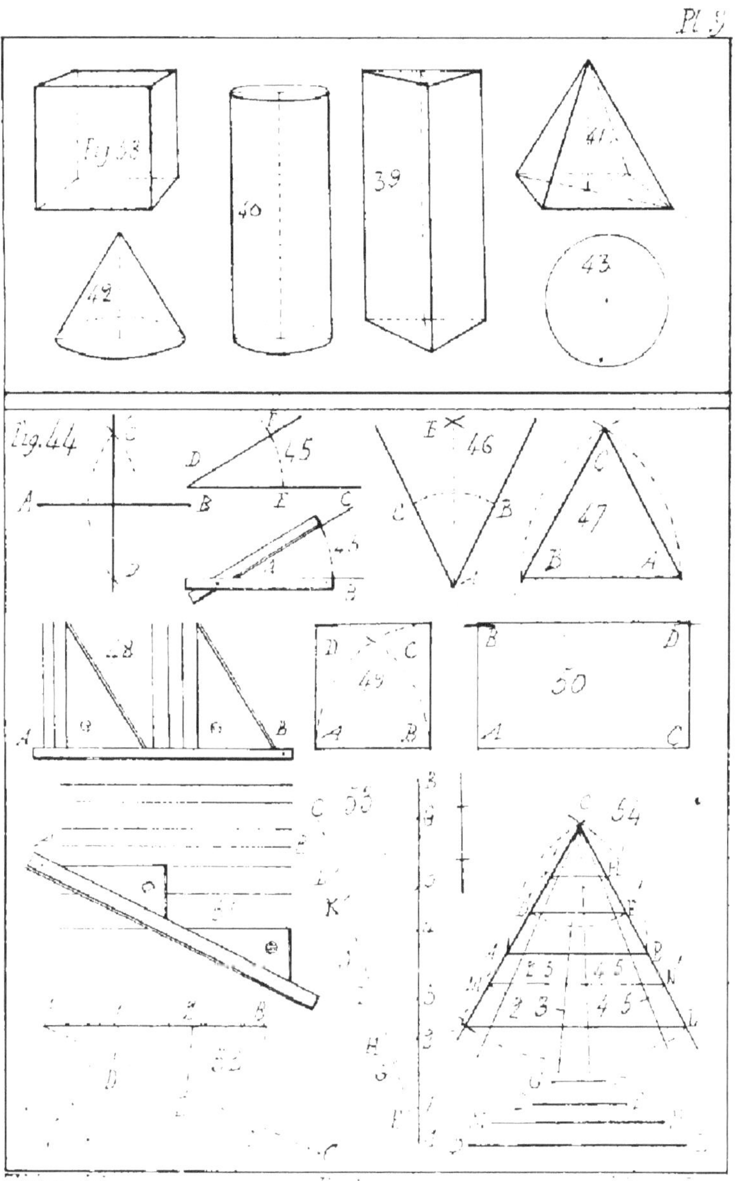

Fig. 38
40
39
41
42
43
Fig. 44
A B
C
D
45
E C
46
E
C B
47
C B A
48
A B
D C 49
A B
B D 50
A C
53
C
K
52
D
54
C
H

gles parfaitement égaux, et il a pour base une surface quelconque, soit un triangle, un carré, un hexagone, et alors on dit un *prisme triangulaire*, *quadrangulaire*, etc.

La base d'un solide est la face sur laquelle il repose.

Fig. 40. Le *cylindre* est un solide formé d'une surface courbe continue, et dont la base est un cercle.

Fig. 41. La *pyramide* est un solide qui a pour base un polygone quelconque, de laquelle base s'élèvent des triangles réguliers, qui se joignent entièrement et se terminent en un point qui est le sommet de la pyramide.

Fig. 42. Le *cône* est une pyramide qui a pour base un cercle, et au lieu de triangle une surface courbe continue.

Fig. 43. La *sphère* est un solide terminé par une surface courbe, dont tous les points de cette surface sont également distants d'un point intérieur, qui est le centre.

Les *solides* sont *réguliers* quand ils sont formés par des surfaces régulières et disposées régulièrement; autrement ils sont irréguliers.

GÉOMÉTRIE PRATIQUE.

Connaissant le nom des figures de géométrie, nous pouvons déjà nous entendre, et désigner chaque objet comme il convient de le faire; passons maintenant à la géométrie pratique. Ces figures méritent d'être étudiées avec soin, les opérations qu'elles contiennent se retrouvant continuellement dans la pratique des beaux-arts.

Avant de commencer l'étude de cette partie, il faut se munir d'un *compas* à plusieurs branches de rechange : l'une est semblable à la branche immobile ; on prend avec elle toutes les petites mesures : une autre, et c'est la plus utile, contient un crayon et sert à tracer tous les cercles et arcs de cercle possibles : puis une troisième, qu'on appelle branche *tire-lignes ;* son emploi est de passer les figures à l'encre. Il y a de plus une grande branche qu'on appelle branche de rallonge ; lorsque l'on a de très-grands cercles à faire, on la place entre le compas et les branches de rechange, ce qui augmente de beaucoup la grandeur du compas.

Il faut une règle et une équerre, que l'on choisit le plus minces possible. La forme de l'équerre doit être semblable, en plus grand, au triangle rectangle, figure 27.

Un morceau de *gomme élastique* bien souple pour effacer les fausses lignes.

Des *crayons* assez fermes *de mine de plomb, ligne n°* 3.

Un *canif* qui coupe bien, car sans cette condition il est difficile d'obtenir des crayons une pointe suffisamment effilée.

Une ligne droite étant donnée, on désire la diviser
en deux parties égales.

Fig. 44. Soit donnée une ligne droite désignée par les lettres AB.

Ouvrir son compas plus grand que la moitié de la ligne

AB, placer une des pointes au point A, puis décrire un arc de cercle d'une grandeur indéfinie; ensuite placer la même pointe au point B, et de la même ouverture de compas (c'est-à-dire sans l'avoir ni rouvert ni refermé), décrire un second arc de cercle et le prolonger jusqu'à la rencontre du premier, ce qui donne les points CD; joindre ces points par une ligne droite qui divisera AB en deux parties égales.

On se sert de cette opération pour élever une perpendiculaire au milieu d'une ligne donnée.

Quand la ligne à diviser est très-grande, que l'on ne peut le faire au compas, on prend un fil, on lui donne la même longueur qu'à cette ligne, puis, le pliant en deux, on obtient le milieu de la ligne donnée.

Ce moyen est suffisant pour la pratique de la peinture.

Remarque. — Quand je dis : d'un point comme centre et d'un rayon égal à telle ligne, ou plus grand que la moitié de cette ligne, cela revient au même que si je disais : d'un point comme centre, et d'une ouverture de compas égale à telle ligne.

Faire un angle égal à un angle donné.

Fig. 45. Soit donné l'angle A; on propose d'en construire un semblable à l'extrémité D de la ligne DE.

Des points A et D comme centres, et d'un même rayon pris à volonté, décrire deux arcs de cercle; prendre la grandeur de l'arc BC, et la reporter de E en F; joindre DF, et l'angle EDF est égal à l'angle BAC.

Du preneur d'angles.

Un des objets les plus importants à se procurer est un preneur d'angles; il est formé par deux règles de même longueur et de même largeur, fixées ensemble à l'une de leurs extrémités par une vis qui leur permet de s'ouvrir et de se fermer à volonté, et par conséquent de former tous les angles possibles. Comme les angles ne dépendent pas de la longueur de leurs côtés, mais de leur écartement, le preneur d'angles sert à les représenter tous.

Par conséquent, on peut se passer de l'opération que je viens de donner, et obtenir le même résultat en se servant du preneur d'angles ; pour cela, placer un de ses côtés tout près et pour ainsi dire touchant la ligne BA, puis ouvrir le preneur d'angles jusqu'à ce que son autre côté recouvre juste la ligne AC; reporter le preneur d'angles de manière que l'un de ses côtés soit tout près de la ligne ED, le point D correspondant au point A ; alors on pourra tracer la ligne DF, ce qui formera l'angle EDF égal à l'angle BAC. Ce moyen peut aussi servir à mener une ligne oblique DF, parallèle à une oblique AC.

Diviser un angle en deux angles égaux.

Fig. 46. Soit l'angle A que l'on veut diviser.

Du point A comme centre, et d'un rayon pris à volonté, décrire l'arc BC ; des points B et C comme centres, et d'un même rayon, décrire deux arcs qui se coupent en E, joindre les points AE par une ligne qui divisera l'angle BAC en deux angles égaux.

Un côté AB étant donné, construire un triangle équilatéral.

Fig. 47. Des points A et B comme centres, et d'un rayon égal à AB, décrire deux arcs qui se coupent en C, mener les lignes AC, BC ; le triangle ACB est le triangle demandé.

Pour élever ou abaisser des perpendiculaires à une ligne donnée.

Fig. 48. Soit AB la ligne donnée.

Placer une règle tout près et pour ainsi dire touchant à la ligne AB, tenir cette règle immobile, puis faire glisser le long de cette règle un des côtés de l'angle droit de l'équerre ; l'autre côté de l'angle droit servira à tracer autant de perpendiculaires que l'on voudra.

Pour s'assurer de la justesse de l'équerre on en fait une avec du papier. Pour cela, il faut plier un papier en deux, puis le replier encore en deux, de sorte que la première ligne formée par le papier plié se recouvre parfaitement, ce qui détermine l'angle droit parfait.

Quand on manque d'équerre, on en fait une par ce moyen.

Un côté AB étant donné, construire un carré.

Fig. 49. Des points A et B, élever des perpendiculaires, puis des mêmes points A et B comme centres, et d'un rayon égal à leur écartement, décrire deux arcs de cercle ; leurs rencontres avec les perpendiculaires donnent les points C, D, que l'on joindra par une ligne droite ; ce qui termine le carré.

Construire un rectangle, le côté AC étant donné ainsi
que la grandeur du côté AB.

Fig. 50. Des points A et C, élever des perpendiculaires, prendre la grandeur AB et la reporter de C en D, joindre les points B, D, etc.

Pour mener des parallèles à une ligne donnée.

Fig. 51. Soit AB la ligne donnée.

Placer l'équerre de manière que l'un de ses côtés soit tout près et touche pour ainsi dire la ligne AB, appliquer une règle à l'autre côté de l'équerre, tenir cette règle immobile, puis faire glisser l'équerre le long pour mener autant de parallèles que l'on voudra.

Pour diviser une ligne en un nombre quelconque de parties égales.

Fig. 52. Soit AB la ligne que l'on veut diviser en parties égales, en trois, par exemple.

Du point A mener une ligne indéfinie AC formant un angle quelconque avec AB ; d'une ouverture de compas prise à volonté porter sur AC, à partir du [point A, trois grandeurs égales D, E, I ; joindre le point de la dernière division I avec le point B, extrémité de la ligne donnée ; puis des points E, D, mener des parallèles à I B : elles diviseront la ligne AB en trois parties égales.

Pour diviser une ligne en parties proportionnelles.

Fig. 53. Soit AB la ligne donnée, on propose de la diviser en sept parties proportionnelles aux grandeurs MN et NO.

Du point A menez une ligne indéfinie AC, formant un angle quelconque avec AB ; prenez la grandeur MN et reportez-la de A en E, puis la grandeur NO, et reportez-la de E en G ; ouvrez le compas de la grandeur AG, plaçant une pointe au point E, l'autre donne le point H ; plaçant de même une pointe au point G, l'autre donne le point I, etc. ; on obtient de même les points J, K, L, etc. Par ce moyen on n'a pas besoin d'ouvrir et de fermer le compas pour chaque division ; ensuite joignez le point L, dernière division, avec le point B, extrémité de la ligne donnée ; puis des points K, J, I, H, G et E, menez des parallèles à LB ; elles diviseront AB en sept parties proportionnelles aux grandeurs données MN et NO.

Autre moyen pour diviser une ligne en parties égales, ou en parties proportionnelles.

Fig. 54. Les deux moyens que je viens de donner sont les plus simples que l'on puisse employer quand il n'y a qu'une ou deux lignes à diviser; mais si le nombre des lignes était plus considérable, on devrait de préférence se servir de celui que je vais donner.

Soit donnée une ligne AB qui contient des divisions égales ou inégales, le moyen de procéder étant absolument le même.

Je suppose les divisions inégales de grandeur.

Je me propose de diviser en même quantité de parties, et proportionnellement à la ligne donnée AB, les lignes GH, DE, MN, OL, qui sont toutes de longueurs différentes.

D'abord, il faut construire un *triangle équilatéral* sur la ligne AB (comme à la fig. 47). Puis prolonger indéfiniment les lignes CA et CB.

Ensuite prendre la grandeur MN ou toute autre, et la reporter par un arc de cercle de C, sommet du triangle, en M' et N'. Joindre ces points par une ligne qui doit être égale à la ligne MN, par la raison que le triangle est équilatéral, c'est-à-dire qu'il a ses côtés égaux. Reporter et obtenir de la même manière toutes les autres lignes.

Ces lignes obtenues, leurs divisions se trouvent facilement; il suffit de mener du point C et par les points 2, 3,

B
A
Fig 55 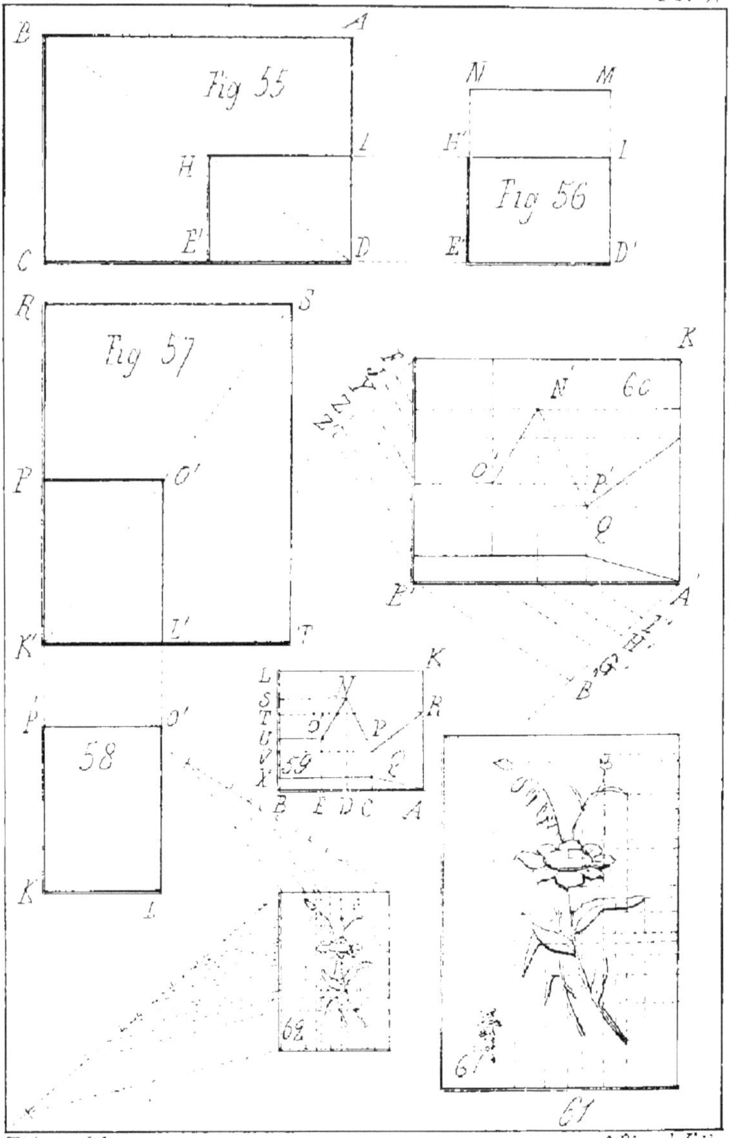
N
M
H'
I
Fig 56
H
L
E'
D
C
E'
D'
R
S
Fig 57
K
60
N'
P
O'
O'
P'
Q
K'
L'
T
E'
A
L
K
Y
R
P'
S
O'
58
T
U
V
X
59
P
K'
L
B
E
D
C
A
60
61

4, 5, des lignes droites traversant toutes les lignes à diviser.

Reporter les divisions obtenues sur les lignes auxquelles elles appartiennent, au moyen du compas ou d'une bande de papier.

QUATRIÈME PLANCHE.

Pour déterminer la surface d'un petit tableau proportionnellemen à celle d'un grand tableau donné, la largeur du petit tableau étant aussi donnée.

Si l'on veut faire la copie réduite d'un grand tableau sur une petite toile, la première opération à faire est de s'assurer si la petite toile est juste dans les mêmes proportions que le grand tableau; car, sans cette précaution, il serait impossible d'établir le rapport exact qui doit exister entre les objets de ces tableaux, quel que soit le genre auquel ils appartiennent.

Fig. 55 et 56. Soit ABCD le grand tableau. MNED' la petite toile.

Il est facile de voir que la proportion des côtés de ces deux toiles est tout à fait différente, que la petite toile est d'une forme bien plus carrée que la grande; il faut donc retrancher de la hauteur de la petite : pour cela, sur la grande toile mener la diagonale DB, prendre le côté donné D'E du petit tableau, et le reporter de D en E'; du point E' élevant une perpendiculaire jusqu'à la rencontre de la diagonale, on aura le point H ; E'H est la hauteur du petit tableau.

Prendre la hauteur E'H et la reporter sur le petit tableau de E en H' et de D' en I, joindre les points H' et I par une ligne droite qui doit être la limite de la petite toile. Il faut donc retrancher, ou ne pas employer la partie de la toile qui se trouve au-dessus de cette ligne.

Ayant donné le moyen de réduire un tableau, je vais passer à celui d'établir une grande toile en proportion avec une petite donnée.

Si, après avoir jeté ses premières idées sur une petite toile, ou avoir exécuté avec soin une petite esquisse, on en est satisfait, pour pouvoir établir le tout sur une grande toile, et conserver juste les mêmes rapports qui doivent exister entre les objets, il faut nécessairement que les deux toiles soient dans les mêmes proportions.

La plupart des peintres contemporains négligent de s'assurer ou ne savent pas s'assurer si les toiles dont ils veulent se servir ont bien leurs côtés proportionnés les uns aux autres; il résulte de cette négligence, que l'ensemble d'un grand tableau, exécuté d'après une petite esquisse, est souvent faux dans la disposition de certaines parties. L'artiste attribue ce manque d'exactitude à l'augmentation des objets, qu'il se persuade être susceptibles de changer de forme en grandissant; ils ne peuvent changer effectivement que dans le dessin d'après nature, surtout si, en dessinant un corps solide, on s'approche pour le voir lus en grand ; car, la distance n'étant plus la même, il y aurait de grandes différences dans la manière dont ses formes apparaîtraient ; mais pour un objet qui est représenté sur une surface plane, qu'il faut seulement grandir, il ne peut exister de différence entre le petit et le grand.

Pour établir un grand tableau et déterminer ses côtés en proportion exacte avec ceux d'un petit tableau donné.

Fig. 57 et 58. Soit KLOP la surface du petit tableau donné ; la grandeur K'T, la longueur que doit avoir le grand tableau.

Reporter le petit tableau sur la ligne K'T, de manière que le point K tombe juste au point K', et que la ligne KL touche juste à la ligne K'LT.

Du point T élever une ligne indéfinie qui soit perpendiculaire à K'T, puis mener la diagonale K'O du petit tableau, et la prolonger jusqu'à la rencontre de la perpendiculaire indéfinie, ce qui donne le point S et détermine la hauteur du grand tableau ; donc TS est cette hauteur.

En général, cette opération s'exécute par terre. On couche horizontalement le petit tableau ; puis avec du blanc on trace sur le parquet la ligne K'T, prolongement de la ligne K'L' ; on trace la diagonale K' O', ayant bien soin de la faire passer par le point O', et puis on élève la perpendiculaire TS, en conservant les deux grandeurs, largeur et hauteur, et on fait exécuter la grande toile d'après ces dimensions.

Pour tracer une ligne droite sans le secours d'une règle.

Lorsqu'une ligne droite à tracer est très-grande, et que pour cet effet on ne peut se servir d'une règle, on emploie une ficelle que l'on frotte de blanc. Deux personnes tenant cette ficelle la placent aux deux points extrêmes de la ligne droite, elles la tendent le plus fortement qu'elles peuvent ; alors l'une de ces personnes, saisissant cette corde du bout des doigts, l'élève le plus possible, puis la laissant échapper, elle revient frapper avec force, et trace une ligne droite.

Lorsque l'on a des lignes à tracer sur un tableau, ce moyen est préférable à l'emploi d'un crayon blanc, qui peut contenir de petites parcelles de pierre et rayer le tableau.

Lorsque les deux tableaux sont en rapport exact de proportions, c'est déjà beaucoup ; mais cela ne suffit pas. Il faut alors que toutes les parties de chacune des surfaces de ces tableaux soient reproduites avec la plus grande exactitude, soit que l'on diminue ou que l'on augmente. Je vais donc indiquer les méthodes que l'on doit employer.

Pour déterminer sur une grande toile les objets qui sont représentés sur un petit tableau, ces objets devant être reproduits proportionnellement à la grandeur de la surface de ces tableaux.

Fig. 59 et 60. Soit ABLK la surface de l'esquisse ou petit tableau, et A'B'L'K', la surface de la toile.

Des points O, N, P, abaisser des verticales jusqu'à la

base du tableau, ou, ce qui revient au même, jusqu'à la ligne AB, ce qui donne les points E, D, C; diviser la ligne A'B', base de la grande toile, proportionnellement à sa grandeur, par le moyen de la figure 53, ce qui donne les points G, H, I; desquels on élève des verticales indéfinies, qui déterminent les largeurs.

Pour obtenir exactement la hauteur des points N, R, O, P, Q, mener de ces points des lignes horizontales jusqu'à la rencontre d'un des côtés latéraux du tableau, jusqu'au côté LB, ce qui donne les points S, T, U, V, X; diviser le côté L'B' de la grande toile proportionnellement à ses grandeurs, et l'on obtient les points F, J, Y, Z, Z', par lesquels points on mène des horizontales qui, à la rencontre des verticales élevées de la base, déterminent les points N', R', O', P', Q'. Joindre les points correspondants. Ils forment sur cette grande toile des figures parfaitement semblables à celles du petit tableau.

Pour diminuer les objets.

Dans ce cas, il faut opérer à l'inverse des moyens employés pour obtenir l'augmentation ; il faut diviser les côtés de la petite toile proportionnellement à ceux du grand tableau.

Les fig. 61 et 62 sont une application à une composition de fleurs.

CINQUIÈME PLANCHE.

Autre opération pour diminuer les objets.

Fig. 63 64 et 65. Cette opération est celle que les artistes emploient ordinairement ; elle est suffisante quand on sait dessiner : dans le cas contraire , ou lorsqu'il y a beaucoup d'architecture , on doit se servir de préférence de la première.

Voici en quoi consiste ce second moyen.

Après avoir obtenu la même proportion dans le rapport des côtés , et par conséquent des surfaces, on divise la surface des tableaux absolument par le même nombre ; par exemple, on divise la base de chacun en quatre, puis la hauteur en quatre, menant par tous les points de division des lignes qui soient perpendiculaires ou se coupent à angle droit ; on a sur l'un comme sur l'autre la même quantité de petits rectangles. Cette opération terminée, on copie, avec le plus grand soin, rectangle pour rectangle ; c'est-à-dire qu'il faut faire bien attention si le point que l'on veut obtenir tombe à un angle de rectangle, au milieu, au tiers, au quart d'un côté de rectangle, et surtout de ne pas se tromper de rectangle, et copier l'un pour l'autre.

La majeure partie des tableaux sont de forme rectangulaire ; cependant quelques-uns ont six côtés, d'autres en ont huit ; les peintres en miniature en emploient presque exclusivement de forme elliptique. Cette forme se rencontre quelquefois dans les tableaux des anciennes écoles.

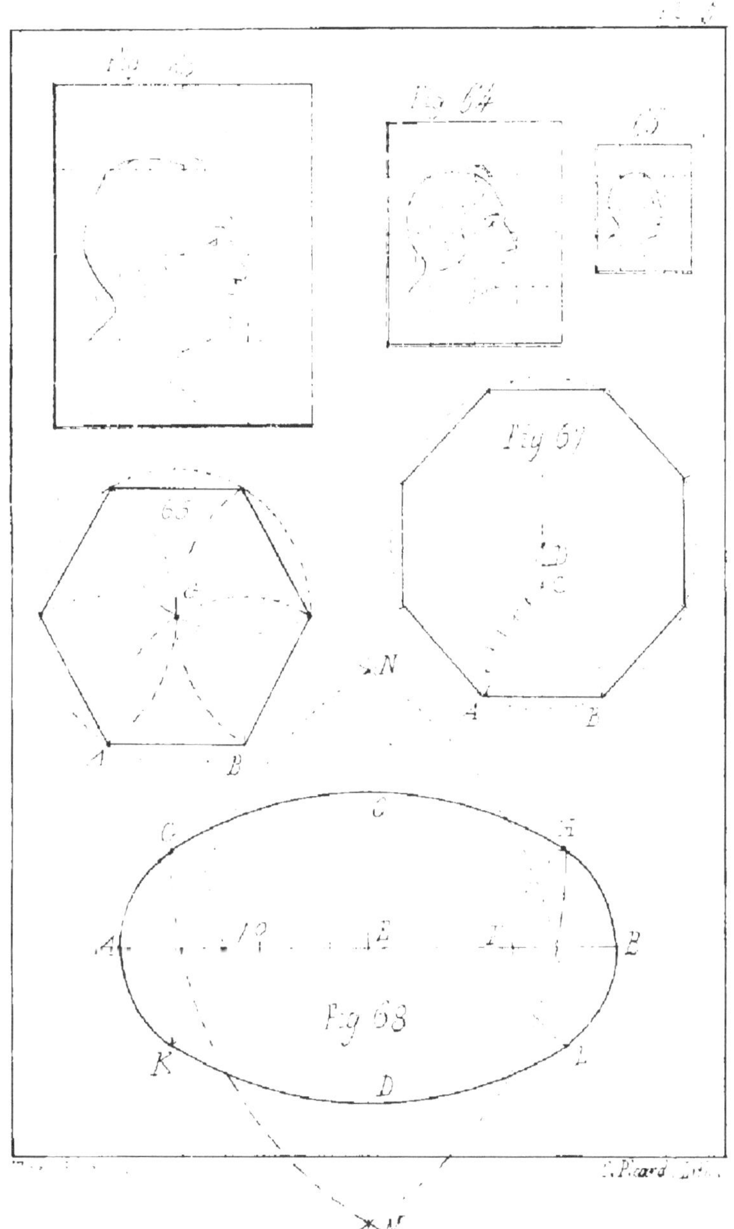

Pour déterminer la surface d'un tableau dont la forme est un hexagone régulier.

Fig. 66. Soit déterminée la grandeur AB pour un des côtés de l'hexagone.

Des points A et B comme centres, et d'un rayon égal à leur écartement, décrire deux arcs de cercle, ce qui donne le point C; de ce point comme centre, et du même rayon, décrire un cercle; le côté AB sera contenu six fois dans la circonférence de ce cercle.

Pour déterminer la surface d'un tableau à huit côtés réguliers.

Fig. 67. Soit donné AB pour un des côtés de l'octogone.

Des points A et B comme centres, et d'un rayon égal à leur écartement, décrire deux arcs de cercle, ce qui donne le point C; diviser l'arc AC en six parties égales, prendre deux des divisions et les reporter, à partir du point C, sur la ligne verticale élevée de ce point, ce qui donne le point D.

Du point D comme centre, et d'un rayon égal à DA, décrire un cercle; la ligne AB doit être contenue huit fois dans ce cercle.

Remarque. Si l'on avait reporté trois divisions, l'on aurait eu le centre d'un cercle dans lequel la ligne AB aurait été contenue neuf fois; si l'on avait reporté quatre divisions, on aurait eu le centre d'un cercle dans lequel la ligne AB aurait été contenue dix fois; et ainsi de suite.

Pour construire un tableau dont la forme est elliptique, sa longueur et sa largeur étant déterminées.

Fig. 68. Soit AB la longueur, et CD la largeur de l'ellipse ; prendre CE, moitié de CD, et reporter cette grandeur de A en O ; diviser OE, différence des deux demi–diamètres, en trois parties égales ; prendre une de ces divisions, et la reporter de O en I.

Des points I et A comme centres, et d'un rayon égal à leur écartement, décrire deux arcs qui se coupent en G et en K, et déterminent une extrémité de l'ellipse ; ensuite du point B comme centre, et du même rayon, décrire un arc défini, qui donne le point F ; de ce point et du même rayon, décrire un arc de cercle qui s'arrête aux points H L, et détermine la seconde extrémité de l'ellipse.

Pour décrire le reste de sa circonférence, des points G et H comme centres, et d'un rayon égal à leur écartement, décrire deux arcs qui se coupent en M ; de ce point M et du même rayon décrire l'arc GCH, ce qui termine un côté de l'ellipse ; ensuite des points K et L, et du même rayon, décrire deux arcs de cercle qui se coupent en N ; ce point est le centre de l'arc KDL ; décrire cet arc, ce qui termine l'ellipse demandée.

Des panneaux.

On peint sur des panneaux, sur de la toile et sur du papier.

Pour les artistes consciencieux, dont la touche est délicate, et qui aiment le grand fini, les panneaux sont préférables à la toile, car quelque bien préparée qu'elle soit, elle ne présentera jamais une surface aussi lisse ni aussi unie que le bois. Cependant, chaque trou ou point raboteux, si petit qu'il puisse être, occasionne une fausse réflection de lumière, et il en résulte que le tableau, éclairé de telle ou telle manière, présente un effet tout différent.

Les panneaux sont en bois, formés d'un ou de plusieurs morceaux; il y en a en cuivre ou tout autre métal, en cuir. etc.; quelques peintres anciens ont même peint sur des tuiles, sur des ardoises.

Les panneaux de bois doivent être faits d'un bois très-vieux, qui ait, si cela est possible, plus d'un siècle d'ancienneté, afin qu'il soit présumable que tout son effet a eu lieu, et que l'on n'ait plus à craindre qu'il ne se voile ni ne se tourmente.

Les écoles d'Italie, depuis la renaissance des arts jusqu'à la mort de Raphaël, employaient, pour la confection des tableaux qui ne devaient pas être exécutés sur place, des panneaux de bois de peuplier; peu à peu la toile remplaça les panneaux, qui ne servirent plus que pour les tableaux de petite dimension.

Les artistes de la Flandre et de la Hollande conservèrent bien plus longtemps que les Italiens l'emploi des panneaux. Anvers en possédait une fabrique des plus célèbres, dans laquelle on en préparait d'une très-grande dimension; là.

comme dans tous les Pays-Bas, les panneaux étaient formés entièrement de bois de chêne, comme présentant plus de solidité que ceux de peuplier, et offrant moins de chance d'être attaqués par les vers.

Les panneaux que l'on trouve aujourd'hui dans le commerce varient de grandeur, depuis un cinquième de mètre de superficie pour les plus petits, jusqu'à un mètre et demi pour les plus grands.

Mais peu d'artistes s'en servent encore ; ils préfèrent l'emploi des toiles, comme réunissant les avantages d'une préparation moins dispendieuse et d'un transport plus facile.

Des châssis, des toiles dont on se sert pour peindre, et du grain convenable que doit avoir la préparation que l'on place dessus.

Je ne parlerai pas de la manière de fabriquer les châssis, de tendre la toile dessus, ni des préparations qu'il convient d'y placer afin que la couleur ne puisse passer à travers les interstices de son tissu, et que l'artiste puisse s'en servir convenablement.

Tous ces détails de fabrication regardent exclusivement les marchands de couleurs, qui, dans l'intérêt de leur commerce, sont excités à bien préparer leurs toiles ; la moindre négligence à cet égard leur ferait perdre leur crédit.

Je dirai seulement que les toiles de chanvre sont les

meilleures, parce qu'elles sont les plus fortes, et qu'elles peuvent, sans se rompre, être tendues fortement;

Que les toiles de lin ne doivent être employées que pour les châssis à clefs, par la raison qu'elles sont sujettes à se détendre;

Que plus les tableaux sont grands, plus la toile doit être forte, sans quoi il y aurait à craindre qu'elle ne se fendît par la grande tension; que dans tous les cas, elle doit être d'un tissu égal et sans gros nœuds.

Les toiles ordinaires, sur châssis ordinaires, suffisent pour les études et les essais sans prétention, même pour les tableaux de petite dimension, jusques et comprises les grandeurs désignées par mesure de douze, de quinze; mais il est préférable d'employer des toiles fines et des châssis à clefs pour les tableaux plus grands que ces dimensions, et qui doivent être exécutés avec soin et conscience.

Je tiens avant tout à ce que les toiles fines, comme les plus ordinaires, aient une préparation qui offre une surface unie et un grain fin et mordant, par la raison que j'ai donnée tout à l'heure à l'article *panneau*, que, lorsque la surface sur laquelle on peint est raboteuse, elle est sujette à une fausse réflection de la lumière, qui change tout à fait l'effet du tableau, suivant les divers endroits où l'on se place pour le regarder.

Quelques peintres prétendent que lorsque l'impression est tellement légère qu'elle laisse voir le grenu que forme le tissu de la toile, cette disposition est plutôt favorable que nuisible à la peinture, par la raison que dans l'ébauche la couleur s'étend avec plus de facilité.

Je pense que cette croyance peut avoir quelque fondement, mais qu'il est facile d'obtenir la même facilité d'étendre la couleur de l'ébauche, si, avant tout travail sur la toile, on a eu le soin de dégraisser sa surface au moyen d'esprit-de-vin passé légèrement dessus.

Mais ce qui est certain, c'est que lorsque la préparation est légère au point de laisser voir le grain et le travail du tissu, des fils qui sont plus gros que le reste du tissu, et cela se rencontre presque toujours, occasionnent des éminences, des espèces de cordes très-pernicieuses; du reste, les toiles ainsi apprêtées ne s'emploient que pour les tableaux de grande dimension, et elles ne sont bonnes que pour les représentations des objets de grandeur naturelle.

Quant aux châssis à clefs, ils ont un avantage réel sur les châssis ordinaires, par la facilité qu'ils offrent de retendre en tout temps la toile qui les recouvre, soit que l'humidité l'ait rendue lâche, soit qu'elle y ait imprimé des plis, des sillons; ce qu'il est impossible de faire avec les châssis ordinaires, à moins de les déclouer et de les retendre de nouveau, travail plus difficile qu'on ne pense, et dans lequel les marchands ne réussissent pas toujours complétement.

Des châssis à clefs.

Les châssis à clefs retendent la toile au moyen de petits coins de bois dur, appelés clefs, qui sont logés dans des ouvertures pratiquées pour cet usage à toutes les jointures; ces clefs sont plus étroites d'un bout que de l'autre, et le bout le plus étroit est enchâssé le premier; il résulte de cette disposition qu'en frappant sur la partie la plus large, et la faisant entrer progressivement, elle oblige les ais ou pièces qui forment le châssis à s'écarter autant que la toile peut le permettre, ce qui la tend autant que possible.

Mais il ne faut pas enfoncer une clef plus qu'une autre, car on ferait tordre la toile, et on risquerait de la fendre ou de rompre les mortaises du châssis; il faut s'arrêter quand la toile est suffisamment tendue, ce que l'on reconnaît aisément par la résistance que présente la clef sous le marteau.

Pour ne pas enfoncer une clef plus que les autres, il faut donner le même nombre de coups de marteau à chacune d'elles, et que ces coups soient de la même force. Voici comment on s'y prend : on donne d'abord deux petits coups à l'une d'elles, puis successivement on en fait autant à toutes les autres; le tour du châssis étant ainsi fait, on recommence de même, et ainsi de suite, jusqu'à ce que la toile paraisse tendue également partout.

J'ai vu des personnes enfoncer une seule clef tant qu'elles pouvaient, c'est-à-dire jusqu'à ce qu'elle ne pût plus avancer : par ce procédé vicieux, elles dérangeaint la justesse des angles droits que forment les côtés du châssis, et ce n'était qu'avec beaucoup de peine qu'elles parvenaient à rétablir l'équilibre.

De la préparation des toiles.

C'est un objet beaucoup plus important qu'on ne pense généralement, que les substancs que l'on emploie dans la préparation des toiles, et qui doivent servir de fondement ou d'appui aux couleurs que l'artiste y dépose pour fixer sa pensée : de cet apprêt dépend quelquefois la destruction de l'œuvre; aussi est-il reconnu que les peintres d'autrefois y apportaient une attention toute particulière.

On sait, à n'avoir aucun doute, que l'impression sur laquelle on devait peindre se faisait anciennement avec de la craie délayée dans de la colle animale, et que le plus souvent au lieu de craie on se servait de plâtre éteint.

M. Mérimée, qui a eu occasion de faire analyser un morceau de l'impression d'un tableau peint sur bois par le Titien, dit qu'on y a trouvé du plâtre et de l'amidon, et point de gélatine; qu'ainsi le plâtre était détrempé avec de la colle de farine au lieu de gélatine.

Mes recherches dans les ouvrages des anciens auteurs italiens m'ont convaincu que l'impression des panneaux a dû être faite de cette manière, et que lorsque les toiles leur ont succédé, elles durent être préparées de même; seulement, quand la peinture à l'huile eut remplacé celle en détrempe, on fut obligé d'appliquer sur cette impression une couche d'huile cuite ; sans cette précaution, il eût été difficile d'étendre les couleurs au pinceau ; car, quoique très-liquides, elles se seraient imbues aussitôt qu'elles auraient été posées.

Le tableau des *Noces de Cana*, par Paul Véronèse, est peint sur toile imprimée en détrempe. La plupart des tableaux de Rubens sont peints sur des panneaux préparés de la même manière ; mais les compositions que nous avons au Musée du Louvre, qui représentent la *Vie de Marie de Médicis*, sont exécutées sur toiles imprimées à l'huile en gris clair. Reynolds, qui fonda l'école anglaise et fut le plus grand coloriste de son temps, confectionnait la plupart de ses tableaux sur des apprêts en détrempe. Prud'hon a fait beaucoup de portraits qu'il exécutait du premier coup sur un fond brun en détrempe à la colle animale.

L'avantage d'un apprêt à la colle est que l'on peut terminer un tableau de petite dimension dans une journée ; les toiles qui ont reçu une telle impression sont tellement absorbantes, que deux ou trois heures après que l'on a peint une partie, on peut la repeindre et la terminer, ou du moins la retoucher au point qu'il n'y ait plus que quelques glacis et petites touches à y ajouter. Cependant, il ne faut pas se figurer qu'en quelques heures l'ébauche sur une semblable préparation soit tout à fait sèche, elle adhère si promptement à la surface de la toile, et l'huile traverse tellement l'apprêt, que la couleur, sans être entièrement sèche, a néanmoin s assez de corps et de fixité por qu'on puisse retravailler dessus sans courir le moindre risequ de l'arracher. Il est naturel de penser que les tableaux exécutés sur cette préparation doivent se conserver beaucoup plus longtemps que les autres dans la pureté et l'éclat de leur couleur, et cela parce qu'au lieu de blanc de plomb et d'huile on ne met dans l'apprêt que de la craie, ou à sa place du plâtre éteint, délayé et fixé à la colle. Certainement de telles substances devant être recouvertes par le travail de l'artiste sont si innocentes, qu'elles ne peuvent en aucune manière attaquer celles du tableau; bien au contraire, comme elles ne contiennent pas d'huile, elles absorbent celle qui se trouve dans les couleurs de la palette, en sorte que ce fluide, qui est ordinairement la principale cause de détérioration des tableaux, passe et s'évapore plus facilement que lorsqu'il est obligé de le faire du côté de la peinture. Cet avantage est très-grand, puisqu'il hâte la dessiccation des couleurs, et empêche par cette raison que les teintes ne roussissent et ne noircissent. Ces considérations me portent à engager les artistes à essayer de l'emploi de semblables préparations : si l'ébauche leur offre un peu plus de difficultés que sur les fonds apprêtés à l'huile, leur travail y gagnera en solidité. Du reste, à la reprise du tableau il n'existe plus de difficultés, car l'ébauche sert d'impression à l'huile, et l'on repeint dessus avec la même facilité que sur toute autre ébauche. Aussi l'inconvénient n'est pas grand, et les avantages sont positifs.

Des fonds.

Des peintres, dans tous les temps, ont cherché à donner à l'apprêt sur lequel ils devaient exécuter leur travail, une teinte qui leur offrît un avantage quant aux couleurs qu'ils devaient poser dessus ; ainsi on a peint sur un fond gris, sur un fond brun, sur un jaune plus ou moins foncé. Beaucoup de maîtres anciens ont confectionné leurs tableaux sur des fonds faits à l'ocre rouge pure, comme étant une couleur qui leur donnait un dessous très-chaud, et qui est moins sujet à noircir que le blanc de céruse ; mais un grand inconvénient en est résulté, c'est qu'après un laps de temps assez court, leurs peintures ont poussé au brun, par la raison que l'impression à l'ocre rouge pure, ou à toute autre couleur de la même force, était trop obscure. De tels fonds ont donc repoussé les couleurs que l'artiste avait disposées dessus, et sont ressortis peu à peu à travers les teintes du tableau ; c'est ce qui a fait disparaître l'éclat et la fraîcheur des productions du célèbre Poussin, de Charles Lebrun, et de tant d'autres maîtres. Le Titien a exécuté quelques-uns de ses tableaux sur fond rouge, mais la majeure partie est sur fond blanc en détrempe préparé avec le plâtre éteint.

On peut employer des fonds jaunes clairs, orangés clairs ; mais je pense que les blancs doivent avoir la préférence, car il n'y a pas de couleur qui ne fasse un bon effet sur le blanc; quoiqu'à la vérité ce soient les plus sombres qui y paraissent les plus belles.

Du papier et des cartons que l'on emploie pour peindre dessus.

Quand on commence à s'essayer dans la peinture, on emploie souvent le papier pour économiser les toiles, et lorsque l'on veut parcourir la campagne pour faire des études à l'huile, on préfère souvent le papier et les cartons, qui sont moins embarrassants et chargent moins que des toiles sur châssis.

Les cartons et papiers sont recouverts d'une impression à la colle ou à l'huile, de même que les toiles.

Les cartons doivent être assez épais, afin qu'ils ne puissent se tourmenter et former des ondulations, qu'il est presque impossible de maîtriser et de faire revenir à l'état de surface plane.

Quant au papier, le plus fort est celui que l'on doit préférer; mais, quelle que soit son épaisseur, on a de la peine à le maintenir sur le chevalet sans lui donner du corps par un carton auquel on le fixe par les angles avec des pains à cacheter, de la cire molle ou bien des clous nommés *punaises*.

De la manière de transporter sans accidents les toiles apprêtées dont on a besoin dans ses voyages.

Lorsqu'un artiste fait un voyage et qu'il veut exécu-

ter des tableaux d'après nature, il doit se pourvoir de
morceaux de toile tout apprêtés qu'il fixe, au moyen de
punaises et au moment même de peindre, sur une planche ou un carton; mais pour transporter ces toiles sans
avarie, soit qu'elles contiennent seulement l'apprêt, ou
bien une exécution de peinture, il est urgent de les rouler
autour d'un morceau de bois parfaitement rond et uni; ce
cylindre doit avoir au moins un pouce de plus en longueur
que la plus grande largeur de la toile.

Pour placer ces toiles autour du rouleau, il faut toujours
le faire de manière que leur impression ou la couleur qui
les recouvre se trouve en dehors, par la raison que s'il s'y
fait quelques cassures et fissures légères, les parties se rap-
prochent d'elles-mêmes quand on tend ces toiles sur un
châssis; tandis qu'au contraire, si l'on place la couleur en
dedans, elle se fendille et se casse, quelque bonne que soit
la préparation, surtout si le rouleau est d'un petit diamètre. Ceci se comprend facilement, car la toile étant rou-
lée de la sorte, les pores de l'apprêt se trouvent tellement
resserrés qu'ils sont forcés pour ainsi dire de rentrer les
uns dans les autres, et qu'il doit en résulter que, lorsque
l'on vient à dérouler cette toile, et surtout à l'étendre sur
le châssis, les pores, qui ont été trop comprimés, doivent
présenter beaucoup d'accidents.

Des chevalets.

Suivant le lieu de leur destination et leur emploi particulier, les chevalets présentent des différences très-prononcées dans leur forme et dans la combinaison de leurs appareils. Ceux qui doivent servir en voyage se replient de manière à tenir peu de place; ils sont de la plus grande légèreté, et offrent l'avantage de pouvoir servir instantanément partout où le besoin l'exige. D'autres sont plus massifs; il y en a même qui contiennent un mécanisme, un levier puissant qui permet de déplacer, d'élever et d'abaisser à volonté, et sans le moindre effort, les tableaux, dont le poids est quelquefois très-considérable. Ces chevalets sont destinés exclusivement à la confection des grands tableaux. Beaucoup d'autres espèces de chevalets, souvent très-élégants de forme, sont intermédiaires à ces espèces et servent à exécuter les tableaux de chevalets, même ceux des dimensions les plus minimes. Parmi ces derniers chevalets, on rencontre de grandes variétés, quant à leur commodité; les préférables sont, sans contredit, ceux dits à crémaillère de fer; car, outre leur solidité, ils présentent l'avantage de pouvoir être mis en mouvement par une seule main; de sorte que, sans être obligé de se déranger, sans même quitter sa palette, on peut élever et abaisser son tableau avec la plus grande facilité.

Tous ces chevalets se trouvent à la *Palette de Rubens* et chez les principaux marchands de couleurs. Il suffit de les voir pour comprendre ceux que l'on doit préférer.

De l'appui-main.

Il est reconnu que la position verticale est la plus avan-
tageuse que l'on puisse donner à un tableau tout le temps
que dure le travail de l'artiste ; mais, dans cette position, la
main qui exécute ne peut trouver un point d'appui sur la
surface du tableau, comme si elle était horizontale. Pour
remédier à cet inconvénient, on a inventé l'appui-main,
dont les fonctions sont d'offrir une résistance suffisante,
afin que le poignet puisse s'y appuyer et laisser à la main
la facilité d'exécuter avec sûreté les détails et les objets qui
sont petits et délicats.

L'appui-main est ordinairement une longue baguette,
ronde et unie, et ayant son extrémité supérieure, celle qui
doit toucher le tableau, terminée par une petite boule
ronde, qu'il est prudent d'envelopper d'un peu de coton et
de recouvrir de peau de gant. Cette précaution ôte tout
risque d'endommager la peinture, quand on a contracté
l'habitude de poser cette petite sphère sur la surface du tableau, afin d'y trouver un appui convenable. Quant à moi,
je me suis habitué à me passer de cette baguette ; je ne me
sers, pour donner un point d'appui à ma main, que des
pinceaux que je suis obligé de tenir en même temps et de
la même main que ma palette.

Les meilleurs appuis-main sont faits d'un bois très-
léger.

De la palette.

Comme je l'ai dit à la page 5, les palettes varient de forme et peuvent être de différentes espèces de bois; mais une condition importante est que ce bois soit dur, très-sain, le moins poreux possible, et qu'il ne contienne ni nœuds plus durs que sa masse, ni veines plus tendres.

La plupart des peintres flamands se servaient de palettes de cristal, qui leur permettaient d'observer la transparence ou l'opacité des teintes, suivant qu'ils avaient besoin de glacer ou de peindre à pleine pâte.

Quelques peintres de nos jours emploient, pour ébaucher, une palette de faïence dont la surface blanche leur permet d'apprécier à leur juste valeur les nuances qu'ils ont à placer sur le fond blanc de la toile; mais, l'ébauche terminée, ils finissent leur tableau en se servant d'une palette de bois.

Les palettes de bois de noyer se tourmentent, se voilent; celles de bois d'acajou, de citronnier, se fendent trop facilement.

Des soins que l'on doit donner à la palette.

Lorsqu'une palette sort de chez le marchand, elle doit être en état de servir immédiatement. Cependant on y trouve souvent de petites imperfections, auxquelles il est urgent de remédier avant tout.

Ainsi, à part de sa fabrication, elle doit avoir été abreuvée d'huile au point de ne plus pouvoir en absorber, et de laisser intacte celle que contiennent les couleurs que l'on doit placer dessus.

Pour s'assurer si la palette a été suffisamment pénétrée d'huile, on en passe de nouveau et en abondance sur ses deux surfaces; puis on la suspend par une ficelle au grand air, et surtout à l'ombre; car il y aurait à craindre que la chaleur du soleil ne la fit voiler.

L'huile de lin est préférable, pour cette opération, à toute autre huile; mais quand on n'en a pas, on se contente d'huile d'œillette, et même d'huile grasse.

Après avoir laissé la palette tourner à l'air pendant quelques heures, on vérifie si l'huile est restée intacte, ou bien si elle a été absorbée généralement, ou seulement par places; si l'huile a été bue par le bois, on en passe de nouveau et on laisse sécher. On renouvelle cette opération autant de fois qu'il le faut pour que la palette soit pénétrée entièrement et refuse d'absorber.

Quand une palette a été ainsi parfaitement apprêtée, quelque temps qu'il fasse, elle ne se voile ni ne se tourmente plus.

Une vieille palette est préférable à une neuve, si toutefois elle a été entretenue toujours propre, nettoyée à fond, et si on n'y a pas fait des rayures et d'autres accidents qui gâtent sa surface.

Il est important de ne pas laisser dessécher les couleurs sur la palette; car elles s'y fixent tellement fort, qu'il faut beaucoup de peine pour les en enlever ; on n'y parvient ordinairement qu'en grattant avec un bon grattoir, ce qui raye et gâte le bois, quelques soins qu'on puisse prendre.

Quelques peintres ont recours à l'essence de térébenthine, qui détrempe les couleurs et offre, par cette raison, une grande facilité à les enlever. Mais cette essence agit en même temps sur la préparation et sur le bois de la palette, qu'elle gâte en peu de temps.

Lorsque, par une cause quelconque, on a laissé sécher entièrement les couleurs que contient la palette, le moyen préférable pour les enlever est celui qu'employaient Gros et Guérin, et dont se servent encore plusieurs personnes sorties de leur école.

Il consiste à verser de l'huile d'œillette sur la palette, à en couvrir entièrement les couleurs, afin de les en humecter ; puis, les frottant avec la plante desséchée nommée *prêle*, on parvient facilement à les détacher et à les enlever entièrement.

On pourrait croire que le papier de verre peut remplacer la prêle avec avantage ; il n'en est cependant rien ; car, sans avoir le même mordant que cette plante, il a l'inconvénient de faire des rayures.

Je recommande de ne jamais gratter la surface de la palette avec le couteau à palette ; car, quelques soins que l'on puisse apporter à cette opération, il est rare que la lame, par sa flexibilité, ne produise des accidents.

Une palette n'est pas suffisante ; il en faut deux, afin de pouvoir transporter les couleurs de l'une sur l'autre, quand on veut les conserver plus d'un jour.

Règle générale. N'importe en quel temps, même en hiver, quand on peut conserver les teintes un peu volumineuses deux à trois jours, il ne faut jamais laisser sur une palette les couleurs vingt-quatre heures de suite. Il faut donc, lorsque l'on quitte son travail, nettoyer à fond sa palette, et transporter les couleurs qui pourraient être bonnes encore sur la seconde palette.

En faisant le transport des teintes et des couleurs, il ne faut prendre avec le couteau à palette que l'intérieur de chacune de ses couleurs, par la raison que ce sont surtout les bords ou tours extérieurs qui se dessèchent promptement, et que ces parties de couleurs ne seraient plus assez fraîches pour pouvoir servir convenablement le lendemain.

Observez qu'il faut déposer les couleurs en petits tas élevés, sans les étendre et sans s'efforcer d'en réunir la totalité de chacune ; car, lorsque le couteau à palette les transporte à deux fois, qu'il veut les rassembler, il les étend trop et leur donne des bords trop prononcés, qui, par conséquent, sèchent très-vite et ne valent plus rien quand, le lendemain, on reprend son travail.

Quand les couleurs et les teintes sont transportées, on racle et on enlève, avec le couteau à palette, ce qui a été jugé ne pouvoir plus servir ; on verse un peu d'huile d'œillette sur la palette, et on l'étend avec le couteau sur toute sa surface, en la maniant comme quand on délaye de la couleur: on enlève cette huile salie avec le tranchant du couteau à palette; puis, prenant un chiffon doux, on essuie fortement. Mais comme cette opération n'est pas suffisante pour la propreté complète de la palette, on la répète une seconde fois, une troisième, enfin jusqu'à ce qu'on soit satisfait du résultat.

Lorsque l'on peint par un temps sec, et que les couleurs sèchent promptement, il est bon de déranger souvent les essais épars que contient la palette, et surtout de faire disparaître le contour des tas de couleurs et de teintes. Cette précaution les affranchit de toute partie déjà visqueuse, et qui pourrait, dans peu de temps, gêner et devenir pernicieuse.

Je n'entends pas dire qu'il faut toujours que les teintes et les demi-teintes soient constamment rangées symétriquement sur la palette; car lorsque l'artiste arrive au moment de l'inspiration, sa palette devient parfois un véritable chaos; mais comme cet état est de courte durée, il doit, dans les instants de repos, remettre de l'ordre, tout en conservant les heureuses nuances que son génie, et le plus souvent le hasard, lui ont offertes.

L'ordre dans les matériaux que contient la palette, a pour but la propreté; sans cette condition, il est difficile, pour ne pas dire impossible, de faire de belle et de bonne peinture.

Comment on doit nettoyer les pinceaux.

Presque tous les artistes emploient pour nettoyer les pinceaux l'essence de térébenthine ou le savon noir ; cependant l'essence de térébenthine ôte aux pinceaux toute leur flexibilité, et le savon noir, ou le savon vert, par la force du mordant qu'il contient, les détruit promptement.

Pour obvier à ces inconvénients, on a pensé détruire, ou du moins atténuer l'effet destructif en plongeant immédiatement après le nettoyage les pinceaux dans de l'huile d'œillette ou dans de l'huile d'olive, qui est encore moins siccative. Mais si le remède atténue le mal, il a aussi ses incidents fâcheux, et le pire de tous est celui qui consiste dans le prompt dessèchement de certaines parties de l'huile, qui remplissent l'intérieur des pinceaux de parcelles grumeuses qui deviennent fort gênantes quand on veut exécuter des teintes unies.

Le moyen que j'emploie pour nettoyer mes pinceaux, et que je regarde comme préférable à tout autre, est celui de me servir de *savon blanc*, savon purifié qui ne contient aucune substance corrodante.

Lorsque l'on veut effectuer le nettoyage des pinceaux, ce qui doit toujours avoir lieu immédiatement quand on cesse son travail, on trempe le savon blanc dans de l'eau de rivière, ou toute autre qui puisse le dissoudre, et l'on frotte les pinceaux dessus ; on rince alternativement en—

suite jusqu'à ce que les pinceaux soient devenus aussi propres que possible.

Dans l'hiver, l'eau étant trop froide pour dissoudre promptement le savon, il faut la faire tiédir.

Les pinceaux, nettoyés de la sorte, conservent leur élasticité, leur moelleux, et se maintiennent bons très-longtemps.

Pour nettoyer le blaireau.

Si après s'être servi du blaireau pour adoucir les teintes, on avait laissé sécher les couleurs qui s'y sont attachées, il faudrait le savonner avec le savon blanc, comme il vient d'être dit pour les pinceaux ; puis, lorsque le savonnage est complet, que le blaireau a été rincé dans plusieurs eaux propres, l'humidité qu'il contient doit en être extraite, car sans cette précaution, il pourrait contracter une forme vicieuse, qui plus tard pourrait gêner dans l'exécution. Pour cela, on place le manche du blaireau entre ses deux mains, que l'on a disposées de manière que les doigts correspondants se touchent ; alors, frottant vitement les mains l'une contre l'autre, elles feront tourner le blaireau avec une grande vitesse, qui chassera tout le liquide qu'il contient, et lui donnera en même temps une forme régulière.

Il existe un autre moyen de nettoyer le blaireau ; il consiste à le frotter dans de la cendre ou dans de la poussière bien sèche, et jusqu'au moment qu'il en est pénétré par-

puis des masses principales que donne la forme particulière des détails; toute cette préparation devant être faite simplement et plutôt comme exactitude de place que comme rectitude de forme ; aussi commence-t-on par supposer l'objet enfermé par des lignes droites (voyez fig. 69, 72, 75), ces lignes pressant l'objet en tout sens dans sa hauteur et sa largeur. Cette première préparation offre l'avantage d'habituer l'œil à juger avec exactitude les dimensions et à se rendre compte de suite de l'aspect général.

Cette disposition conventionnelle étant obtenue, on emploie des lignes courbes, qui, étant moins simples, pressent davantage les contours de l'objet et déterminent sa forme réelle apparente.

Avant de parler de l'épuration des formes, c'est-à-dire de l'esquisse et du trait, je dois expliquer les principes de la perspective, qu'il est de la plus grande urgence de connaître.

SEPTIÈME PLANCHE.

De l'horizon.

Lorsque l'on veut dessiner ou peindre d'après nature un portrait, une réunion de fleurs, un paysage, etc., on doit, après avoir disposé son ensemble, chercher et déterminer la ligne d'horizon telle qu'elle existe dans la nature elle-même, et la reporter proportionnellement sur le tableau.

Fig. 78. La ligne qui sépare le ciel de la mer est l'horizon visible, que l'on désigne sous le nom d'*horizon visuel;* mais

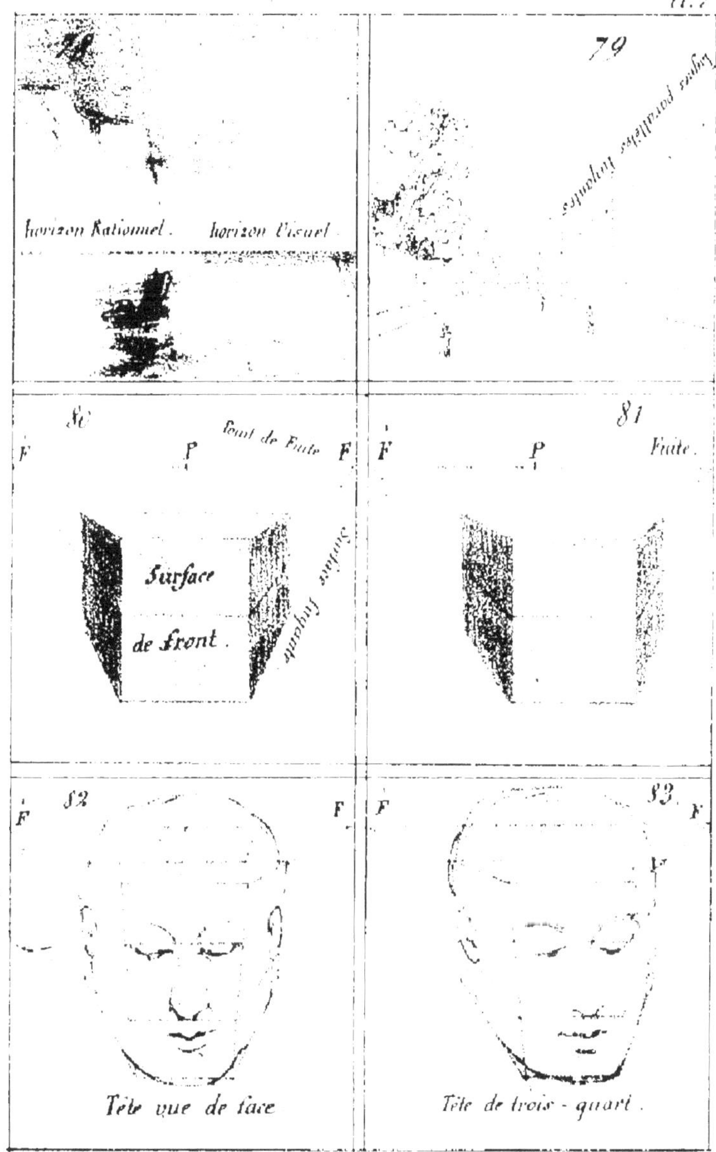
horizon Rationnel.
horizon Visuel.
79
80
F
P
Point de Fuite
F
Surface
de Front.
81
F
P
Fuite.
F
82
F
83
F
Tête vue de face
Tête de trois-quart.

ordinairement la vue que l'on veut retracer ne se termine pas par la mer, des montagnes ou des édifices se trouvent à sa place : or, comme dans toute composition ou tracé d'après nature il faut un horizon, on en détermine un factice à l'endroit où se trouverait le véritable; cet horizon se nomme *horizon rationnel*. Il est à remarquer que dans le langage artistique, de même que dans la démonstration, on dit indistinctement, *horizon* ou *ligne d'horizon*.

L'horizon doit toujours se trouver à la même élévation que l'œil du peintre; il en résulte que plus l'artiste s'élèvera, plus l'horizon sera élevé, et plus l'espace que sa vue embrassera sera étendu.

De l'horizon par rapport au tableau et aux figures et objets que l'on doit peindre d'après nature.

Quand on veut faire un tableau d'après une esquisse peinte, ou seulement d'après un ensemble que l'on a jeté sur sa toile, et que les figures doivent être peintes ou dessinées d'après nature, pour les poser il faut faire bien attention de les placer dans son atelier, par rapport à la hauteur de l'horizon, juste comme elles le seront dans le tableau. Pour cela on s'assure de la hauteur de l'horizon du tableau ; on reporte cette hauteur, à partir du sol, sur le mur du fond, de manière que les figures modèles soient placées entre ce mur et l'œil de l'artiste ; puis on trace sur le mur, à cette hauteur, une ligne horizontale (cette ligne se tire avec du blanc ou bien avec une corde que l'on tend). Il faut que l'artiste se place de sorte que son œil soit toujours à la hauteur de cette ligne, et que toutes les figures modèles soient coupées par cette ligne comme elles doivent l'être par la ligne d'horizon du tableau; sans cette précaution, il y a dans le tableau un désaccord choquant dont l'œil ne peut se rendre compte.

Recherches sur la hauteur de l'horizon.

L'horizon doit être plus ou moins élevé suivant que le genre que l'on veut traiter le comporte; par exemple, dans un portrait d'homme ou de femme, soit en pied, soit même seulement en buste, la ligne d'horizon ne doit pas se trouver plus élevée que le sommet de la tête, ni plus basse que le milieu du corps; car le personnage ainsi représenté se trouve être le sujet principal, et par cette raison l'artiste doit se placer devant lui convenablement, c'est-à-dire dans les conditions que je viens d'indiquer : se plaçant plus haut, il verrait le dessus de la tête; plus bas, il apercevrait le dessous du nez et du menton, écueil qu'il faut avoir soin d'éviter. Voici à quelle hauteur quelques grands maîtres ont disposé l'horizon de leurs portraits.

Léonard de Vinci a placé l'horizon à la hauteur des yeux dans son portrait de *Joconde*. David l'a placé de même dans le *portrait du pape Pie VII*, et Jean Fictoor dans celui *d'une jeune fille à sa croisée*, qui se trouve au Louvre sous le n° 457. Dans plusieurs portraits par Raphaël, on trouve aussi cette disposition de la ligne d'horizon.

Dans le portrait en pied de *Bacchus assis*, Léonard de Vinci a placé la ligne d'horizon à la hauteur du nez. Ce grand artiste a mis l'horizon à la hauteur de la bouche dans son portrait (buste) de *Charles VIII, roi de France*.

La ligne d'horizon est à la hauteur du menton dans les portraits de *Mansard* et de *Perrault* par Philippe de Champagne.

L'horizon se trouve en face des attaches des clavicules au sternum dans le portrait de *Charles Ier et d'Henriette*, par Vandyck, et dans celui de *lady Gower* par Lawrence.

Le Guerchin, dans un portrait de femme intitulé *la Magicienne Circé*, a placé l'horizon à la hauteur du mamelon. Raphaël, le Titien et Rubens l'ont disposé de même dans plusieurs portraits. Rigaud l'a placé à deux pieds et demi dans son beau *portrait en pied de Bossuet*.

Dans les tableaux d'histoire, à moins que le sujet ne comporte un grand développement, l'horizon est disposé à peu près comme pour les portraits. Il est placé à six pieds dans les quatre tableaux suivants : *les Noces de Cana*, par Paul Véronèse ; *la Circoncision dans le temple*, par Jules Romain ; *Rébecca à la fontaine*, par le Poussin, et *la Toilette de Vénus*, par l'Albane.

David a placé l'horizon au niveau du sommet des têtes dans les tableaux du *serment des Horaces*, des *Sabines*, et de *Brutus*. Lesueur a agi de même dans le martyre de *saint Gervais et saint Protais refusant de sacrifier aux idoles.*

Raphaël a placé l'horizon à cinq pieds dans *l'Ecole d'Athènes;* il se trouve à la même hauteur dans *le Mariage mystique de sainte Catherine,* par le Corrége. L'ont disposé de même : Lebrun, dans *la chasse d'Atalante;* Pierre Guérin, dans sa composition d'*Andromaque et Pyrrhus;* Philippe de Champagne, dans *la Translation de saint Gervais et saint Protais,* et David Teniers, dans son tableau des *OEuvres de miséricorde.*

L'horizon est juste à la hauteur des yeux dans les trois tableaux, 1° de *la Vierge assise sur les genoux de sainte Anne,* par Léonard de Vinci; 2° de *la Vierge et l'enfant Jésus,* par Andréa Solari; 3° de *la Vierge couvrant l'enfant Jésus endormi,* par Garafolo.

Dans *la Femme adultère,* par le Poussin, on trouve l'horizon à la hauteur du menton du Christ et des accusateurs.

Raphaël, dans l'une de ses plus sublimes compositions, *la Dispute du Saint-Sacrement,* que l'on appelle aussi *la Théologie,* a placé l'horizon à quatre pieds et demi de hauteur. Cette disposition se retrouve dans le tableau de Lesueur, *Darius fait ouvrir le tombeau de Nitocris;* puis dans celui *des Moissonneurs,* par Léopold Robert; et dans ceux de M. Horace Vernet, *Abraham renvoie Agar,* et *Rébecca à la fontaine.*

Le tableau de *la Cène,* par Léonard de Vinci, et celui de *Marius à Minturnes,* par Drouais, offrent l'horizon élevé de quatre pieds. Il est exactement à la même hauteur dans le *Pâris et Hélène* de David, dont la composition est une des mieux ordonnées et des plus gracieuses de ce célèbre artiste; puis encore dans le *Martyre de saint Christophe*, par Spada, et dans le tableau de *Phèdre et Hippolyte*, par Guérin.

L'horizon se trouve placé à trois pieds et demi dans les neuf tableaux suivants : *Jésus à Emmaüs*, par le Titien ; le même sujet par Rembrandt; *le Jugement de Salomon*, du Poussin ; *la Cène*, par Porbus le fils ; *l'Adoration des bergers*, par Ribera ; *le Couronnement d'épines*, par Vandyck ; *Énée racontant ses aventures à Didon*, par Guérin ; *la Femme hydropique*, par Gérard Dow, et dans la composition de M. Grenier, *les Enfants surpris par un garde*.

Dans le tableau de *Saint Augustin*, par Murillo, et dans celui du Guide représentant *Jésus-Christ remettant à saint Pierre les clefs du royaume des cieux*, l'horizon n'est élevé que de trois pieds, de même que dans la *Cène* par Philippe de Champagne, une *Offrande à Esculape*, par Guérin, et dans le *Triomphe de Cybèle*, par l'Albane.

Il n'est qu'à deux pieds et demi dans *les Bergers d'Arcadie*, du Poussin ; dans *la Mort de Saphire*, du même maître; le *Martyre de saint Étienne*, par Lebrun ; *Apollon chez Admète*, par l'Albane; dans les deux pathétiques compositions de Greuze, *le Départ* et *le Retour;* puis enfin dans un sujet militaire à l'île d'Elbe, par M. Horace Vernet, *A tous les cœurs bien nés que la patrie est chère!*

Je pourrais continuer à citer des tableaux d'histoire ayant des hauteurs d'horizon moins élevées; mais comme je pense que les artistes avaient disposé l'horizon d'après la hauteur à laquelle devait être placé leur tableau, je me réserve ces exemples pour un grand travail dont je m'occupe depuis longtemps, et je passe à l'horizon des batailles et des paysages.

Dans le *Siége de Valenciennes*, par Vander-Meulen, l'horizon est élevé de quatorze pieds, et il l'est de vingt dans celui du *Siége de Luxembourg*. Pourquoi Vander-Meulen a-t-il mis cette différence de hauteur d'horizon dans ces deux tableaux ? C'est parce que la stratégie des opérations militaires et le site accidenté des environs de Luxembourg exigeaient d'être aperçus d'une élévation plus considérarable que ceux de Valenciennes.

Dans *le champ de la bataille d'Eylau*, par Gros, il est à dix pieds. Salvator Rosa l'a placé de même dans son *combat sur terre et sur mer*. En général, dans les tableaux de siéges de villes, les batailles, les grandes chasses royales, et dans les sujets à grand développement, l'horizon varie de huit à vingt pieds.

Les paysages historiques dans lesquels Lebrun a représenté, de grandeur naturelle, les succès de l'armée d'Alexandre le Grand, tels que *la bataille d'Arbelles, la défaite de Porus* et *le passage du Granique*, ont l'horizon élevé de huit pieds.

Le Poussin l'a placé à sept pieds et demi dans son tableau de *la Terre promise*, et à sept pieds dans celui d'*Orphée et Eurydice*.

J'ai analysé un très-grand nombre de paysages de Claude le Lorrain, du Gaspre, d'Hermann Swanevelt, Salvator Rosa, le Dominiquin, le Carrache, Locatelli, Both, Rubens, Berghem, Ruysdaël, Wynantz, Wouwermans; tous ces maîtres ont disposé l'horizon à une hauteur variant depuis dix jusqu'à quinze pieds.

Van-Ostade, Karel du Jardin et Demarne, dans leurs tableaux, ont élevé l'horizon de trois à dix pieds, etc., etc.

Des lignes parallèles fuyantes.

Fig. 79. J'ai dit, à la page 19, que les lignes parallèles ne peuvent jamais se rencontrer; ce principe reste vrai tant que les lignes parallèles restent géométriques ou vues dans leur véritable grandeur : ainsi les lignes parallèles à l'horizon ou lignes horizontales, et les lignes verticales, restent parallèles géométriques; mais du moment qu'elles ne sont plus géométriques, qu'elles sont vues en fuite, elles semblent se rapprocher en s'éloignant dans le tableau, et si on les prolongeait, elles se réuniraient réellement en un point. Si ces lignes sont placées horizontalement, c'est-à-dire parallèles au niveau de l'eau, leur point de fuite se trouve sur la ligne d'horizon à un point quelconque; si les parallèles fuyantes montent devant le peintre, leur point de fuite est au-dessus de l'horizon; si elles descendent, leur point de concours est au-dessous de l'horizon. Parmi les différents points de fuite qui se trouvent sur l'horizon, il y en a un, le *point de fuite principal*, qui a trop d'importance pour que je le passe sous silence.

Du point de fuite principal.

J'entends par *point de vue* un point qui est dans l'œil du peintre ou du spectateur, celui enfin par lequel il regarde les objets. Je désigne ce point sous le nom de *point de distance*.

Le *point en face de la vue* est toujours sur l'horizon en face de l'œil du peintre ou du spectateur. Ainsi, toutes les fois que l'on regarde droit devant soi, la ligne droite qui part de notre œil et va frapper sur l'horizon donne le point en face de la vue : c'est le point que les auteurs, avant le célèbre Thibault, désignaient faussement sous le nom de point de vue. Ils auraient cependant dû réfléchir qu'il n'est pas le point de vue, puisqu'il se trouve toujours en face de la vue. Quant à moi, je le nomme *point de fuite principal*, par la raison que c'est le point où se porte principalement la vue ; que les grands maîtres, tels que Raphaël, le Poussin, Léonard de Vinci, etc., le plaçaient dans la partie la plus intéressante de leur composition ; qu'ordinairement il sert de point de fuite aux principaux édifices d'un tableau, et que dans le tracé du desssin d'une vue d'après nature, il sert de guide pour le placement des points de fuite des différents objets vus accidentellement.

Raphaël, dans *la Dispute du Saint-Sacrement*, a placé le point de fuite principal à la base du calice qui contient l'hostie, et verticalement sous Dieu le père, Jésus-Christ, le Saint-Esprit et l'hostie, comme l'on voit, en ligne droite avec ce qui fait le sujet du tableau.

Dans *les Noces de Cana*, par Paul Véronèse, *Jésus à Emmaüs*, par Rembrandt, les tableaux de *la Cène de Jésus-Christ*, par Léonard de Vinci, François Porbus, et Philippe de Champagne, le point de fuite principal se trouve juste entre les yeux du Christ, qui dans ces sujets devait nécessairement se trouver le point de mire.

Dans *la Femme adultère*, par le Poussin, il est verticalement au-dessus de la tête de la femme coupable, ce qui le met au centre de l'intérêt.

Il se trouve aussi au centre des personnages qui forment l'action et où doit se porter le regard, dans la *Mort de Saphire*, *les Bergers d'Arcadie* et *le Jugement de Salomon*, du Poussin.

Gérard Dow l'a placé entre les yeux souffrants de *la Femme hydropique*.

David l'a mis à l'œil de *Pâris fascinant Hélène*, et à la main qui tient les glaives dans *le Serment des Horaces*, etc., etc.

Je désigne toujours le point de fuite principal par un P.

Toutes les lignes qui sont parallèles à la ligne d'horizon ou les lignes horizontales, font en réalité angle droit avec celles qui concourent au point P. Donc quand on a trouvé une ligne qui va tendre au point P, si on a besoin de trouver une ligne qui fasse un angle droit avec la première, il faut mener une horizontale.

Fig. 79. Cette figure est formée de lignes qui concourent au point P et de lignes horizontales.

Fig. 80. On désigne par surface de front, ou surface **vue de front**, toutes celles qui sont parallèles à la surface du tableau, ou pour mieux dire avec lesquelles le rayon central de l'œil fait angle droit. Les surfaces de front sont formées par des lignes verticales et des lignes horizontales, telle que la surface A B C D.

Toutes les surfaces qui ne sont pas vues de front sont des surfaces fuyantes; leurs lignes fuyantes vont concourir à un point à l'horizon : quand ce point n'est pas le point de fuite principal, on le nomme *point accidentel;* donc les points F et F' sont des points accidentels.

HUITIÈME PLANCHE.

Fig. 84. On voit le dessous des objets horizontaux quand ils sont situés au-dessus de l'horizon, et jamais dans ce cas on ne peut en apercevoir le dessus.

Fig. 85. Mais quand les objets horizontaux sont plus bas que l'horizon, on en voit le dessus. Dans le premier de ces exemples on aperçoit le dessous de l'avance du toit et le dessous des fenêtres, et dans le second exemple, on voit le dessus des édifices.

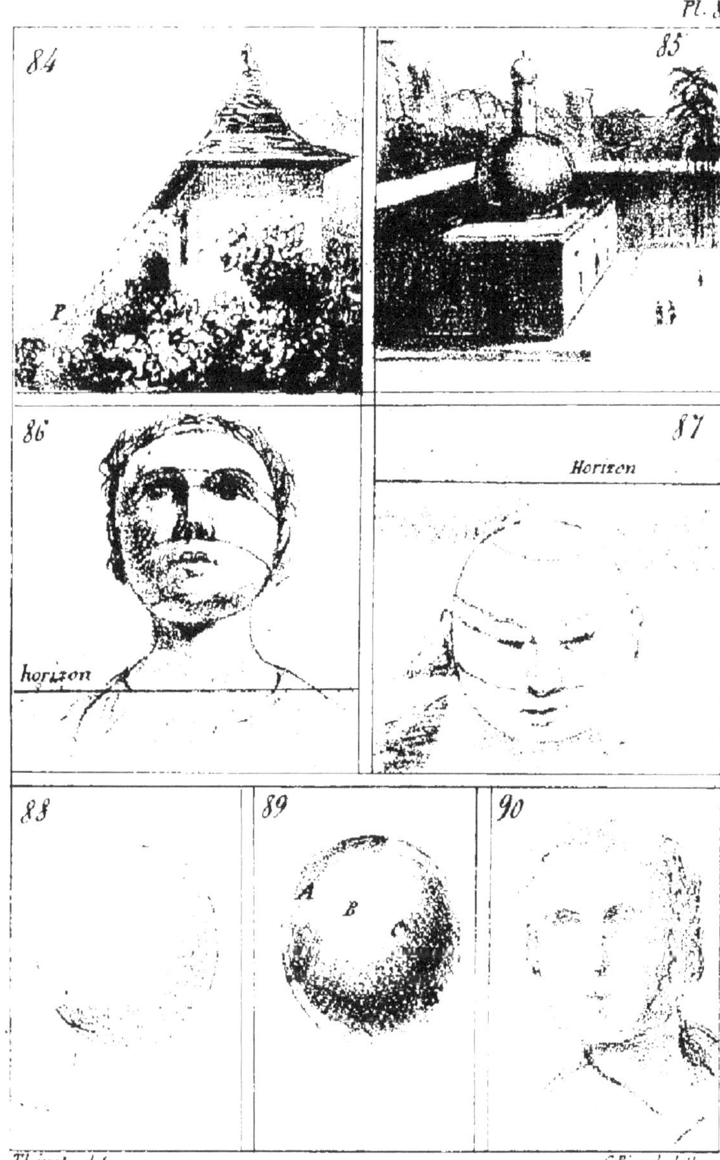
84
85
86
87
Horizon
horizon
88
89
A
B
90
Thénot, del
C. Picard, lith.

De la diminution apparente que présentent les surfaces fuyantes en s'éloignant dans le tableau, et de la forme sous laquelle apparaissent les cercles fuyants, suivant leur position par rapport à l'œil du peintre.

A mesure qu'un carré fuyant s'éloigne de l'œil, sa profondeur apparaît de plus en plus étroite, et il semble perdre la régularité de sa forme en s'éloignant de l'horizon et de la verticale principale ; il en est de même des cercles : les personnes qui n'ont pas étudié les lois de la perspective, c'est-à-dire les anamorphoses sous lesquelles nous apparaissent les objets vus en fuite, se persuadent difficilement qu'un cercle vu en raccourci apparaît sous la forme allongée d'une ellipse ; que plus il sera éloigné de l'œil et plus il semblera étroit de profondeur ; si bien que cette dimension paraît pouvoir être contenue plusieurs fois dans la largeur totale : de plus, que si ce cercle n'est pas situé juste en face de la verticale principale, et qu'il soit très-élevé au-dessus, ou très-bas au-dessous de l'horizon, sa forme ne paraîtra plus régulière, mais tout à fait déformée.

Il est aussi à remarquer qu'un cercle qui est juste en face de l'horizon semble être une ligne droite, que ceux qui sont au-dessus de l'horizon paraissent descendre, et ceux qui sont au-dessous font l'effet de monter ; plus les courbes sont éloignées de l'horizon, plus cette apparence est sensible.

De la sphère et de la tête humaine.

La sphère, dont j'ai donné la définition page 25, suit les mêmes lois de déformation apparente que tous les autres corps; si bien qu'elle ne paraîtra parfaitement ronde qu'autant que le point de fuite principal se trouvera placé en face de son centre; s'il était partout ailleurs, il la ferait apparaître sous une forme allongée.

Fig. 86. Quand une sphère est plus élevée que l'horizon, les cercles horizontaux qui se trouvent tracés sur sa surface paraissent descendre, et on aperçoit le dessous de cette sphère; il en est de même d'une tête humaine dès qu'elle est plus élevée que l'œil ou l'horizon; les lignes courbes que l'on ferait passer par les yeux et le sommet de l'oreille, par la partie inférieure du nez et des oreilles, sembleraient descendre, et on verrait le dessous du nez, du menton, etc.

Fig. 87. Cette figure apparaît en tout point l'inverse de la première : comme elle est au-dessous de l'horizon ou plus bas que l'œil, les courbes horizontales qu'elle contient paraissent monter vers l'horizon.

Je n'en dirai pas plus quant à la perspective : j'engage les personnes qui voudraient se familiariser avec les principes et opérations de cette science, à se procurer mon *Traité de perspective pratique pour dessiner d'après nature ;* elles y trouveront réuni tout ce qu'il est indispensable de connaître.

De l'esquisse et du trait.

J'ai décrit aussi longuement que possible les connaissances indispensables dont le besoin se fait sentir immédiatement après la formation de l'ensemble. J'ai dit que l'*ensemble terminé* doit être l'exacte proportion de toutes les parties de la figure représentée, ainsi que l'aspect de la forme extérieure, sans cependant en avoir ni les détails ni la pureté de contours : ce premier tracé se fait avec du crayon blanc, et le plus vaporeusement possible ; ensuite on se sert du crayon de mine de plomb pour déterminer l'apparence du contour ou silhouette, et la juste limite des masses et des détails, les représentant, comme formes, aussi fidèlement que possible ; c'est cette seconde préparation que l'on nomme *esquisse*.

L'*esquisse*, quoique tout à fait semblable au modèle, doit être légèrement tracée.

L'esquisse terminée, on pose dessus de la mie de pain que l'on promène dans toutes les directions avec l'extrémité des doigts et en tournant, jusqu'au moment où l'esquisse ne fait plus qu'apparaître.

Passer au trait, c'est épurer l'esquisse en repassant franchement le crayon de mine de plomb sur les contours, afin de les rendre aussi exacts de forme que possible.

Il faut observer que le trait doit être plus fin et plus léger dans les endroits clairs que dans ceux qui sont dans l'ombre.

Les crayons de mine de plomb, *Palette de Rubens*, que cette maison a fait fabriquer exprès pour esquisser et passer au trait sur les toiles ou tableaux, sont pour cet usage réellement supérieurs à tout autre crayon.

Les figures 71, 74 et 77 de la planche VI sont des exemples de traits épurés.

Du maniement du pinceau.

Chaque artiste a sa manière particulière de se servir du pinceau ; cependant ces différents faires peuvent se résumer dans deux manières types, desquelles toutes les autres dérivent : l'une est suave, moelleuse, même léchée ; l'autre manière est hardie, fière et vigoureuse. La première peut s'acquérir en copiant des tableaux délicats et finis, et surtout en cherchant à représenter avec la plus scrupuleuse fidélité, et en se rendant compte du pourquoi, les détails et nuances des objets que l'on veut retracer. On contracte la seconde manière en s'exerçant d'après des ouvrages qui ont été exécutés par un peintre savant, d'une main sûre, d'une touche facile et hardie. Mais ce qui contribue le plus à fa re adopter par beaucoup d'élèves cette seconde manière, ou plutôt la charge de cette manière, c'est la facilité qu'elle semble leur procurer de pouvoir produire des tableaux sans posséder aucune science, et sans qu'ils se soient donné la peine d'analyser les objets qu'ils veulent représenter.

Celui qui veut parvenir à posséder un talent véritable doit s'accoutumer d'abord à la première manière, c'est-à-dire à l'exactitude la plus scrupuleuse ; il en retirera l'avantage d'acquérir, avec le temps, un faire facile, une touche sûre et légère.

Au contraire, il est très-difficile, pour ne pas dire impossible, de parvenir à l'exactitude, à la pureté de forme et au fini, quand on a commencé par la manière *lâchée*, que l'on confond trop souvent avec la manière hardie; car, il est reconnu qu'à force de s'accoutumer à n'obtenir que des à-peu-près, on se crée un obstacle insurmontable à franchir, si plus tard on veut parvenir à un résultat opposé. Du reste, quelle vérité peut-il y avoir dans la touche d'un peintre qui a négligé d'étudier, d'approfondir quelle est la forme apparente des objets et de leurs détails, par conséquent qui ne peut les connaître ? son faire, soi-disant hardi, est tout simplement un travail de convention ; c'est du métier exécuté avec plus ou moins d'esprit ; d'ailleurs, il est plus facile d'omettre ce qu'on sait que d'ajouter ce que l'on n'a pas appris et dont on ne peut avoir une idée complète. Quant à la vraie manière hardie, elle ne peut être acquise que par le savoir et l'expérience.

A part le faire large et la manière finie, chaque genre de peinture a son exécution particulière qui est en harmonie avec la nature des objets qu'il doit retracer ; ainsi, le peintre de figure humaine exécute différemment que ne le fait le paysagiste ; l'artiste qui peint particulièrement les animaux a une exécution qui est sienne, et qui lui permet de représenter dans leur vérité le poil et la laine, etc. Quant au peintre des fleurs et des fruits, il a aussi son procédé à lui, et par lequel il obtient la représentation fidèle du velouté et du diapré de ses modèles.

Du portrait.

Pour exceller dans la peinture de portrait, il faut savoir disposer avec goût et sous son aspect le plus favorable la personne que l'on veut peindre, et si parfois on est forcé de sacrifier aux exigences de son époque, il n'en faut pas moins rester fidèle aux principes de l'art, que l'on doit savoir modifier suivant les exigences du modèle et la mode du jour; car pour retracer un portrait avec exactitude, l'artiste doit se proposer, avant tout, d'atteindre à la triple vérité de forme, de couleur et d'expression ; mais pour parvenir à un tel résultat, il faut s'être beaucoup exercé, afin d'avoir acquis une grande justesse d'œil, sans laquelle on ne peut parvenir à représenter la forme et la couleur dans toute leur vérité.

La réussite plus ou moins complète, plus ou moins prompte, dépend le plus souvent de la manière dont pose la personne que l'on peint, du temps qu'elle peut consacrer aux séances, et de l'habitude de procéder qu'a contractée l'artiste.

De la pose et de l'ensemble d'une figure humaine.

A part l'attitude la plus aisée, la plus naturelle, il est de rigueur que le peintre de portrait sache faire un choix de la lumière, et y exposer son modèle le plus favorablement à sa physionomie.

La femme, ayant plus de grâce, de délicatesse et de finesse de ton que l'homme, a besoin d'être éclairée plus vivement et d'avoir un clair-obscur plus agréable et plus beau.

La pose et l'effet étant arrêtés, il faut faire l'ensemble, comme aux figures 69 et 70 de la planche VI. Il est de la plus grande importance que les proportions soient d'une rigoureuse exactitude, attendu que c'est du rapport parfait qui existe entre la tête, le cou, les épaules et toutes les autres parties du corps, que l'on parvient à faire connaître la physionomie particulière, la force et la grandeur physiques de la personne. C'est en s'écartant de la vérité de l'ensemble que quelques peintres représentent comme très-grandes des personnes petites, ou comme très-minces des personnes fortes ; ce mensonge ne peut être admissible comme embellissement, attendu que le portrait d'une personne doit la représenter exactement, mais sous son aspect le plus favorable.

Du coloris d'un portrait.

Le coloris, nous montrant le tempérament et la couleur particulière de la personne que l'on représente, doit être étudié scrupuleusement, de manière qu'offrant la nuance de couleur qui est propre à chacune des parties, toutes les nuances s'harmonisent dans le ton dominant, c'est-à-dire le ton d'aspect général qui est propre à cette personne. Le ton personnel est très-varié, puisque chaque individu a le sien qui lui est propre, lequel peut encore offrir des différences très-prononcées suivant l'état de l'âme, les saisons, les climats, la santé, les indispositions et les maladies.

Dans l'état de santé, à part le ton personnel, les enfants ont en général le coloris vermeil et frais ; celui des hommes est vif et animé, et celui de la femme blanc et tendre, etc.

Des diverses manières de procéder dans l'exécution d'un portrait ou d'un tableau de figures humaines.

Dans toutes les diverses manières de procéder, la première disposition se fait avec le crayon blanc ; ensuite on passe au trait, comme à la figure 71, planche VI. Ce trait se fait à la mine de plomb, ou au pinceau. Puis, partant de là, quelques artistes mettent le tout à l'effet au moyen d'un lavis léger de couleur brune. C'est ainsi que procédaient Van-Eyck, qui a inventé ou qui a seulement porté les procédés de la peinture à l'huile à une rare perfection ; puis les chefs de l'école romaine et florentine : le Pérugin,

Raphaël, Léonard de Vinci, Fra Bartolomeo, Ottoz Venius, Rubens, et la plupart des peintres de l'école des Pays-Bas. On a conservé un grand nombre d'esquisses de Rubens et des tableaux ébauchés de quelques-uns des autres maîtres que je viens de citer : ils sont dessinés d'abord à la mine de plomb, ensuite retracés au pinceau, puis lavés et ombrés à l'effet, comme les anciens dessins exécutés au bistre, avec une couleur légère et transparente que l'on reconnaît être du bitume. Rubens a peint souvent au premier coup, sur de telles esquisses faites sur des panneaux extrêmement lisses ; il empâtait solidement les lumières et mettait peu de couleur dans les ombres et même dans les demi-teintes, qu'il se contentait presque de glacer.

David, son école, et même la plupart des artistes de son temps, après avoir épuré le trait, recouvraient toutes les parties ombrées avec de la terre de Cassel, terre bitumineuse qui a le grave inconvénient d'empêcher de sécher les huiles qui ont servi à la broyer, si en peignant elle n'est mélangée avec de l'huile très-siccative, et si elle n'est employée par couches très-minces. Or, excepté David et quelques-uns de ses élèves, les autres maîtres, tels que Girodet, Lethière, Gros, etc., mettaient cette couche de terre de Cassel trop épaisse, et ils la recouvraient de nouvelles couleurs avant qu'elle eût eu le temps d'être parfaitement sèche ; c'est à cela, en grande partie, puis au vernis passé trop tôt sur leurs tableaux, que l'on doit attribuer les nombreuses craquelures dont leurs œuvres sont en grande partie recouvertes, et qui dans peu de temps les auront entièrement anéanties.

Les peintres de nos jours qui suivent la méthode qui consiste à recouvrir d'abord les parties ombrées d'une légère teinte brune, peignent ordinairement au premier coup sur cette esquisse bien sèche; les uns arrivent au résultat par couches qui se recouvrent successivement; les autres, et c'est le plus grand nombre, exécutent leurs portraits par morceaux isolés; ils font dans une séance le front et les yeux, dans une autre séance le nez et une partie des joues, et ainsi de suite. Mais pour procéder de la sorte il faut avoir une grande habitude, afin de pouvoir juger de l'effet que produiront les parties réunies; ou bien il faut connaître parfaitement les ressources des glacis, que l'on doit employer pour harmoniser le tout.

Il y a une autre méthode d'opérer, qui est peu en usage aujourd'hui, et qui est cependant celle qu'ont suivie les plus grands coloristes, tels que le Titien, le Corrége, Paul Véronèse, Vandyck et Rembrandt. Elle consiste à ébaucher à pleine pâte, mais en clair, c'est-à-dire au-dessous du ton qu'on a l'intention d'obtenir en finissant; ce procédé offre l'avantage de permettre de faire à l'ébauche tous les changements que l'on désire, et d'arriver à obtenir une grande transparence en terminant par des glacis; donc, pour finir, on glace légèrement les ombres, et on rempâte les clairs dans la solidité de ton que présente la nature.

Le Titien, le Corrége et Fra-Bartolomeo sont, de tous

les peintres, ceux qui ont fait le plus d'usage des glacis; les tableaux du Titien surtout en sont couverts d'un bout à l'autre, même dans les parties les plus claires.

On peut encore ébaucher un portrait, et même tout un tableau, en grisaille et à pleine pâte, le colorant et le mettant à l'effet par des glacis, et pour le terminer, le retravailler dans la pâte et le glacer de nouveau. C'est ainsi que le Corrége et les peintres de son école procédaient ordinairement. Reynolds, qui fut le plus grand coloriste de son temps, suivait souvent cette méthode. Prudhon, qui avait fait des recherches sur les procédés des coloristes, a peint pendant quelque temps de cette manière; mais l'expérience lui ayant démontré que les couleurs dont il se servait n'ayant pas la solidité de celles des anciens peintres, il en résultait que les glacis disparaissaient, et que, par cette raison, ses tableaux, d'éblouissants de couleur qu'ils étaient en sortant de ses mains, s'altéraient et perdaient leur éclat, même en peu de temps, il changea cette manière pour en adopter une autre, qui approche de celle du Titien.

Les Flamands, qui ont fait aussi un grand usage des glacis, en ont été cependant moins prodigues que les peintres coloristes de l'Italie. S'étant aperçus des inconvénients résultant de leur emploi excessif, ou bien de leur mauvaise exécution, ils finirent par ne plus glacer que les parties qui, par leur couleur ou leur ton propre, n'ont rien à craindre de la teinte plus ou moins roussâtre-jaunâtre à laquelle le temps les fait parvenir.

Des fonds des portraits.

Les fonds sont une partie importante et que l'on ne saurait trop méditer; car c'est de leur couleur, de leur plus ou moins de vigueur et de leur disposition, que dépend le plus souvent la réussite d'un portrait.

La physionomie douce, blanche et fraîche d'une jeune femme doit avoir pour repoussoir un fond chaud ; il en résulte que les parties éclairées se détachent et produisent un effet agréable ; les ombres même seront mieux fondues et paraîtront plus douces, surtout si l'artiste ne donne pas trop de chaleur à ses ombres et trop de force aux reflets. La disposition du fond doit avoir lieu dans le sens inverse pour le visage d'un homme au teint chaudement coloré ; c'est-à-dire que le chaud et le vigoureux doivent être mis sur un fond froid et faible, et le faible et le frais sur un fond chaud et vigoureux.

De la couleur des étoffes des habillements.

C'est une erreur répandue généralement parmi le peuple, et même qui est partagée par beaucoup d'artistes, que les vêtements sombres, même ceux qui sont tout à fait noirs, doivent être préférés pour les personnes qui ont le teint brun ou hâlé par le soleil : cependant le blanc et les couleurs claires leur conviennent bien mieux. On est de même persuadé que les habillements de couleurs douces, tels que le jaune clair et le vert tendre, servent à relever un teint pâle, et qu'une carnation animée veut être accompagnée de rouge ; de sorte que pour cacher un petit défaut, on en produit un plus grand ; car une personne qui a le visage chaudement coloré de rouge, lorsqu'elle est vêtue de rouge, ressemble à une statue entièrement peinte de cette couleur, et une personne pâle semble relever de maladie quand elle est habillée de jaune ou de couleur claire.

De l'apprêt des teintes qui doivent servir à l'exécution d'un portrait.

Je suppose que non-seulement l'ensemble est terminé, mais encore que toute la figure a été passée au trait par un contour purement arrêté, mais que ce trait est fixé seulement par le crayon de mine de plomb, de la fabrique de la *Palette de Rubens*.

Les couleurs devant être aussi fraîches que possible, je commence par en couvrir ma palette, en partant du trou dans lequel j'ai passé mon pouce, et je suis toujours l'ordre suivant : le blanc de plomb, le jaune brillant, l'ocre jaune, l'ocre de ru, le chrome rouge, le brun rouge, le rouge de Mars, le vermillon, la laque rouge fine de garance, la terre de Sienne brûlée, le bitume, le noir d'ivoire, le cobalt et le bleu de Prusse. Je place le double godel après ma palette (voy. pag. 8), et j'en remplis un à moitié d'huile d'œillette, qui doit servir à nettoyer instantanément les pinceaux quand on veut les changer de couleur. Le second godet doit de même être rempli jusque vers la moitié de sa hauteur d'huile grasse, dans laquelle on ajoute six à huit gouttes de bon vernis copal. A défaut de ce vernis, on peut le remplacer par dix à douze gouttes de bon vernis ordinaire. Les couleurs dans lesquelles on fait entrer de l'huile grasse mélangée de vernis acquièrent plus de transparence, plus de brillant que si elles étaient détrempées d'huile seule. Du reste, les maîtres tels que Van-Eyck, le Titien, le Corrége, Paul Véronèse, Otto Venius, Rubens, Vandyck, Jacques Jordaens, Rembrandt, Reynolds, Greuse, Prudhon et tant d'autres, incorporaient des vernis dans toutes leurs couleurs.

Quoique je puisse obtenir les nuances de la carnation au bout de mon pinceau, je préfère cependant les apprêter à l'avance, tâchant de les obtenir tout à fait semblables à celles du modèle. Le mélange des couleurs se fait sur la palette, ou, ce qui est préférable, sur une glace dépolie qui ne sert que pour cet usage. En mélangeant les couleurs, il faut avoir soin d'y ajouter un peu d'huile grasse mélangée de vernis, ce qui est bien préférable à l'habitude qu'ont les artistes de n'ajouter l'huile qu'au moment qu'ils emploient la couleur, et encore le faire seulement avec le bout du pinceau ; il est presque impossible, de cette manière, de faire le mélange convenablement, et il doit en résulter des inconvénients, tels que celui de détruire avec le temps l'égalité des teintes, etc.

C'est une erreur de croire qu'il ne faut faire entrer que l'huile d'œillette dans les chairs et toutes les parties claires, parce que l'huile grasse les ferait trop jaunir; l'huile grasse, employée comme je viens de le dire, est moins pernicieuse que l'huile blanche, qui fait verdir les couleurs. J'ai recueilli sur ce sujet beaucoup d'exemples que je publierai dans quelques années dans un *Traité de Peinture à l'huile et au vernis*, qui sera l'histoire des procédés employés par les peintres anciens et modernes.

Je place sur ma palette, en seconde rangée et à partir du pouce, les nuances principales dont j'ai besoin. Voici leur composition, sauf la quantité de chacune des couleurs à apporter au mélange, ces quantités variant suivant chaque carnation.

Première teinte, blanc et vermillon; deuxième, blanc, vermillon et laque rouge de garance; ces deux teintes servent principalement pour les enfants et les femmes dont la carnation est blanchâtre et fraîche; troisième teinte, qui peut être la plus claire des hommes, blanc, jaune brillant et vermillon; pour la quatrième teinte, ajouter seulement de la laque rouge; cinquième, blanc, ocre jaune et brun-rouge; sixième, de même, plus la laque rouge; pour de certaines carnations le rouge de Mars remplace le brun-rouge; septième, jaune brillant, vermillon et cobalt; huitième teinte, ajouter seulement la laque rouge; neu-

vième, ocre jaune, brun-rouge, cobalt. Ces trois derniers
mélanges donnent des nuances grises très-fines ; la dixième
teinte, qui s'approche du noir, et qui pourrait être tout à
fait noire, suivant la proportion de chacune des couleurs
qui la forment, est le produit de l'ocre de ru, du brun-
rouge, de la laque rouge, du cobalt et du bleu de Prusse. Le
cobalt est pour donner de la finesse, et le bleu de Prusse
de la vigueur. Ces dix teintes composent les clairs, les demi-tons, et même les ombres les plus fortes ; cependant
un clair brillant sera plus beau et plus puissant fait avec
du blanc et du chrome rouge, qu'avec du blanc et du jaune
brillant ; le chrome rouge peut aussi entrer avantageuse-
ment dans les reflets chauds.

Comment je procède dans l'exécution d'un portrait.

Je place d'abord toutes les teintes claires, puis les ombres les plus fortes, et je termine par les demi-ombres et
les demi-teintes. J'observe de placer le plus exactement
possible chacune de ces teintes à sa place et dans ses jus-
tes limites. Pour placer les couleurs et nuances, je me sers
indistinctement de pinceaux de martre ou de brosses douces ; les uns et les autres me conviennent également.

Toutes les couleurs étant disposées, je les fonds l'une
dans l'autre avec les plus gros pinceaux plats de martre,
et la tête doit être à l'effet et presque faite. J'ai soin de
tenir les ombres légères, afin qu'elles soient transparentes,

et d'empâter les clairs vigoureusement. J'adoucis les contours extérieurs, les fondant avec les fonds que j'exécute en même temps que le visage.

Je ferai observer que je tâche autant que possible d'obtenir le ton général et les nuances particulières au premier coup, sauf à glacer, même plusieurs fois, si cela est utile, pour terminer convenablement le portrait.

Le brillant qui est sur la surface de l'œil, non-seulement sert à le faire tourner, mais encore il contribue à lui donner sa vivacité particulière. Les personnes brunes ont le blanc de l'œil d'un bleu céleste.

Des cheveux.

Les cheveux sont des corps polis et luisants; ils sont plus ou moins soyeux et brillants, suivant leur nature et les soins qu'on leur donne. Plus les cheveux sont soyeux et polis, plus leurs ombres sont obscures et offrent un chatoiement qu'elles n'auraient pas sans cette qualité, et plus aussi leurs brillants sont vifs dans les grandes lumières, par la raison que le jour s'y mire comme sur tous les corps polis. Les luisants clairs, dans les cheveux bruns, sont ordinairement d'une teinte froide, plus grise-bleuâtre que le ton local des cheveux; quelquefois ils ressemblent aux reflets de l'aile d'un corbeau; quant à ceux qui sont blonds ou châtains très-clair, ces lumières sont souvent dorées et plus ou moins jaunâtres.

La couleur des cheveux bruns est plus ou moins chaude; elle s'obtient par un mélange de bitume, de brun-rouge, d'ocre de ru, et de bleu de Prusse. Les touches peu considérables, mais extrêmement vigoureuses, se font avec un mélange de noir d'ivoire et de terre de Sienne brûlée. Quant aux clairs, ils sont en général bleuâtres, et s'obtiennent avec le jaune brillant, le vermillon et le cobalt. Quand les cheveux bruns sont extrêmement vigoureux, pour obtenir leurs degrés de force on est forcé de les glacer plusieurs fois.

Pour le luisant des cheveux, il n'entre du blanc que dans ceux qui sont blonds, et encore dans les brillants vifs.

La forme des luisants doit être reproduite d'autant plus juste, qu'elle concourt à prononcer la forme de la partie supérieure de la tête, c'est-à-dire à faire ressortir l'étroit ou le large du dessus du crâne.

Du relief d'une sphère ou d'une tête humaine.

Le contour ou le trait extérieur doit être fondu dans les teintes des objets qui lui servent de fond, afin qu'en fuyant par ce moyen des parties saillantes, il n'avance pas autant qu'elles. Exemple : si l'on place une sphère contre un fond d'un beau jaune clair, en s'en éloignant à une distance convenable, on remarque que le contour ou le trait extérieur se trouve entièrement fondu dans ce fond jaune, c'est-à-dire qu'il n'offre rien de tranché ni même de senti franchement. Si après avoir examiné le contour on veut se rendre compte des nuances différentes dont le concours fait apparaître le relief de la sphère, on en trouve cinq principales, savoir : le clair, l'ombre, et trois nuances intermédiaires (voyez planche VIII). Dans la figure 88, j'ai seulement indiqué la masse du clair et de l'ombre ; puis, dans la figure 89, j'ai ajouté les trois nuances, si bien que cette figure présente le clair vif et une nuance de demi-teinte qui le lie au fond, l'ombre forte, qui a deux nuances de demi-teinte, dont l'une lie cette ombre au fond et l'autre au clair ; si bien que l'on trouve successivement : 1° une demi-nuance A qui se perd avec le fond et se marie avec le clair vif ; 2° le clair franc B ; 3° une demi-nuance C qui lie le clair à l'ombre ; 4° l'ombre la plus forte D ; 5° une demi-ombre ou reflet qui se marie avec l'ombre et se perd dans le fond.

Voici comme procédait Prudhon vers la fin de sa carrière : après avoir arrêté le contour d'un portrait et avoir disposé la place des yeux, du nez, de la bouche et des oreilles, il plaçait la nuance de demi-ombre sur toute la surface de la portion ombrée, et une teinte claire, ayant la nuance de la physionomie générale de la portion claire, sur toute cette partie claire ; puis il fonçait les ombres et éclaircissait les clairs aux endroits voulus. Par ce système, il représentait facilement la carnation particulière de chaque personne. J'ai représenté, figure 90, la première disposition de Prudhon.

Dans mon *Cours de Dessin morphographique*, que j'ai publié en 1834, et dont j'ai fait une réimpression en 1838, je recommande d'arrêter exactement la limite du clair et de l'ombre, puis de placer sur la totalité qui doit contenir l'ombre la nuance la plus faible de l'ombre ; de chercher ensuite la limite de la nuance qui est plus foncée que cette première, et de la placer sur l'endroit qui lui est dévolu ; et ainsi de suite, jusqu'à la partie la plus vigoureuse, etc.

Remarque importante. Il y a une grande différence entre le relief d'un visage vu de face, et qui offre par cette raison sa rondeur entière, tel que celui de la figure 82, planche VII, et un autre visage, figure 83, dont on ne voit que les trois quarts. Le premier présente ses deux joues, ses yeux, etc., régulièrement et fuyant de même, tandis que le second visage a une joue, un œil, la moitié de la bouche, etc., qui apparaissent développés, et son autre joue, son autre œil et son autre moitié de la bouche, etc., qui sont vus entièrement en raccourci. Lorsque cette différence est bien observée, elle donne de la vérité à la représentation et lui procure de la grâce.

Des nuances ou demi-teintes complémentaires qui concourent au relief d'une sphère ou d'une tête humaine, et qui marient la couleur locale de ces corps avec celle qui leur sert de fond.

Si l'on place une sphère de couleur bleue contre un fond jaune, les demi-teintes qui limitent les bords et le contour extérieur de la sphère prendront une teinte verdâtre ; si la sphère est rouge, ses demi-teintes seront orange ; si elle est violette, les demi-teintes qui sont près du bord deviendront rougeâtres ; si enfin la sphère est aussi de couleur jaune, les demi-tons qui limitent les bords de cette sphère seront d'un jaune qui participera de la couleur jaune de la sphère et de la couleur jaune du fond. C'est à ces demi-teintes que l'on doit en grande partie le prononcé du relief d'une sphère ou d'une tête humaine, car non-seulement elles fondent le trait du contour avec le fond qui sert de repoussoir, mais encore leur couleur sert d'intermédiaire pour marier, harmonier la couleur de l'objet avec celle du fond.

On serait dans l'erreur si l'on s'imaginait que ces demi-teintes doivent être d'une couleur sale ou rompue, ressemblant à celle d'une partie ombrée ; il faut qu'elles soient aussi pures et d'une couleur aussi belle que celle des parties les mieux éclairées, car ces demi-teintes sont elles-mêmes éclairées par la même lumière du jour, qui glisse plus ou moins sur la surface courbe, ou y est renvoyée par une espèce de reflet ou de rejaillissement par ricochet.

Si la couleur du fond, et celle qui est propre aux corps à surfaces courbes, déterminent la couleur de ces demi-teintes, les nuances subissent des modifications suivant leur éloignement de notre œil, par la raison que tous les corps perdent, suivant leur éloignement, plus ou moins de leur couleur propre et de leurs nuances particulières et de reflet, pour prendre une couleur bleuâtre, qui est celle du corps diaphane qui embrasse tout ce qui est sur notre planète, et que l'on désigne par le nom d'air ambiant ou air atmosphérique; en conséquence, le bleu pur doit servir seul à rompre les demi-teintes complémentaires qui servent à produire le relief; mais il doit y entrer seulement en raison de la distance ou de l'éloignement, c'est-à-dire plus ou moins selon que le corps doit être plus distinct ou plus indécis. Ainsi, à part l'influence de la couleur du fond, si la carnation est jaunâtre, les demi-teintes claires en général deviennent un peu verdâtres; si la carnation est rouge, elles seront violâtres, et lorsque la carnation est blanche, ces demi-teintes tiennent du vert et du violet, de sorte qu'il est facile de concevoir que toutes les demi-teintes dans le clair doivent seulement être rompues avec du bleu pur, et non avec une couleur sale ou indécise qui leur ferait perdre la morbidesse qui leur est nécessaire.

On doit suivre ce principe, non-seulement pour les carnations et le nu en général, mais encore pour une réunion de fleurs, les draperies, le paysage, etc., etc., en un mot, pour tout ce qui a du relief.

Remarque. Le bleu de cobalt et le bleu d'outremer sont les seuls de tous les bleus qui doivent entrer dans les chairs.

Du paysage.

Le paysage est, de tous les divers genres de peintures,

celui qui offre le plus de variété, par la réunion des différents objets qu'il rassemble.

Pour faire un bon paysage, il faut considérer de quelle
nature il est, c'est-à-dire dans quelle partie du monde et
sous quel climat est placée la vue, imaginaire ou réelle, que
l'on veut retracer ; quelle est la végétation, la nature des
terrains, des roches particulières à cette partie du globe ;
il faut aussi savoir si le pays est aride, improductif ou
très-fécond ; si les besoins de la civilisation, ou ses préten-
dus perfectionnements n'ont pas altéré son aspect primitif.
Ceci une fois fixé, il faut s'occuper de l'effet ; et le bon
effet d'un paysage dépend principalement d'une disposition bien entendue du clair, des ombres, des demi-
ombres et du clair-obscur, d'où résulte une parfaite harmonie qui séduit la vue.

L'effet doit varier suivant la saison, le mois particulier
de l'année, l'heure du jour ou de la nuit, et l'état de l'atmosphère ; car on comprend que des jours orageux, plu-
vieux, chargés de brouillards ou d'une sérénité parfaite,
doivent offrir des aspects tout différents.

Je ne parlerai pas de la manière de composer un paysage, ni des principes à observer pour le dessiner d'après
nature ; j'ai traité suffisamment ces matières dans mon *Cours
complet de paysage* et dans mon *Traité de paysage pour
dessiner d'après nature*.

7

De la disposition de l'effet général d'un paysage.

La plus grande harmonie doit exister entre la couleur du ciel qui détermine la couleur locale d'un paysage et la couleur particulière de tous les objets ; il est donc important de fixer d'abord la nuance qu'on doit donner au ciel ; aussi les peintres paysagistes commencent-ils par l'exécuter avant tout, puis ils passent à la confection des lointains, et arrivent progressivement au premier plan, qui est le terme de leur travail. Cette méthode, rationnelle jusqu'à un certain point, offre cependant un inconvénient grave, celui de forcer, pour ainsi dire, l'artiste de disposer l'effet du paysage pour le ciel, et non pas de subordonner le ciel à l'effet du paysage, ce qui cependant, selon moi, est préférable.

Après avoir médité longtemps ce sujet, voici le système que j'ai adopté : je fixe dans ma pensée la couleur locale que devra avoir le ciel, et j'ébauche tout mon paysage dans ce ton ; dans cette ébauche, je tâche, autant que possible, d'exécuter les objets au premier coup, tout en disposant les effets de clair, d'ombres et de demi-tons, le plus favorablement possible. Je suis d'autant plus libre dans le choix que je veux faire de l'effet, que je n'ai pas de nuages à ménager ou à faire ressortir, ce qui arrive très-souvent quand le ciel a été exécuté le premier.

La partie qui contient le paysage étant couverte, je la laisse sécher parfaitement, et seulement alors je confectionne le ciel, plaçant ses clairs et ses demi-tons de manière à faire ressortir les portions foncées du paysage, et disposant ses endroits les plus vigoureux pour servir de fond aux parties les plus claires de l'architecture et des terrains. Si le tableau n'est pas d'une grande dimension, je termine les montagnes et les lointains dans la même séance que le ciel. M. Diday, le grand paysagiste genevois, étant venu me voir à l'époque de la dernière exposition du Louvre, et me trouvant à ébaucher un paysage sans m'occuper du ciel, m'assura qu'il procédait absolument de même.

De l'exécution du ciel et des lointains.

Les ciels sont simples ou compliqués : s'ils sont simples, ils présentent des teintes unies et dégradées imperceptiblement de la partie claire à la plus foncée. Si dans ce cas ils contiennent quelques nuages, ces nuages sont simples de formes et sont disposés naturellement ; mais s'ils sont compliqués, leur aspect est tout différent, ils passent subitement du plus clair au plus foncé, et sont en grande partie surchargés de nuages aux formes capricieuses, et dont les différentes couches semblent passer les unes devant les autres, et être poussées dans des directions différentes.

L'*azur du ciel* s'obtient par un mélange du blanc de plomb, de cobalt et une toute petite partie de laque rouge de garance ; quelquefois il faut y ajouter une légère portion de jaune brillant, ou, ce qui est préférable, de chrome rouge.

On obtient le *clair blanc-jaunâtre des nuages*, en mélangeant du chrome rouge avec le blanc de plomb ; quant aux *ombres et aux demi-tons des nuages*, ils sont le résultat du mélange du jaune brillant, du vermillon ou du brun-rouge, de la laque rouge de garance, et du bleu de cobalt. Il faut observer que chacune de ces couleurs entrant dans la teinte en plus ou moins grande quantité, produit des nuances différentes.

Pour placer les teintes sur la partie qui doit les contenir, on se sert de brosses plates très-douces, ou de pinceaux de martre ; quand on veut exécuter un ciel uni et d'une teinte dégradée, on place d'abord la partie la plus claire, et on ajoute successivement toutes les nuances en finissant par la plus foncée : lorsqu'elles sont toutes en place, on les fond ensemble avec le blaireau, ou, ce que je préfère, avec un gros pinceau plat de martre. M. Gudin emploie à cet usage une grosse brosse plate très-douce. Mais si le ciel est nuageux, on doit commencer par poser les clairs des nuages, sauf à les retoucher quand le ciel sera terminé ; après les clairs, il faut placer les ombres les plus fortes, puis les demi-tons qui servent d'intermédiaire ; les portions d'azur se placent en dernier.

Dans les *nuages des ciels gris, brumeux, orageux*, il entre du blanc, du chrome rouge, du cobalt et du noir d'ivoire ; chacune de ces couleurs en proportions différentes, suivant la nuance de l'effet ; le noir d'ivoire et le cobalt doivent dominer lorsque le ciel est très-foncé.

Dans les *effets de soleil levant et couchant*, la partie la plus claire, la plus brillante, s'obtient par le mélange du blanc avec le chrome rouge, et quelquefois le vermillon. Le chrome rouge et le vermillon dominent plus ou moins suivant le degré de chaleur du ciel. En général, le ciel devrait être exécuté du premier coup ; cependant, obtenu de la sorte, il est rare qu'il donne satisfaction complète : du reste, les grands maîtres paysagistes l'ont retravaillé à plusieurs reprises, ce qu'il est facile de constater quand on examine les œuvres de paysage de Claude le Lorrain, du Titien, du Poussin, de Rubens, de Ruisdaël, de Joseph Vernet, etc. Ceux de Claude le Lorrain, particulièrement, sont recouverts de nombreux glacis superposés les uns sur les autres.

Afin d'harmonier le paysage avec la couleur du ciel, on doit faire entrer de la couleur locale du ciel dans celle de la plus grande partie des objets, principalement dans la couleur des lointains et des montagnes qui avoisinent l'horizon ; ce n'est qu'en s'approchant de nous que les objets prennent peu à peu la couleur qui leur est propre. Le célèbre perspectiviste Thibault, qui a produit quelques tableaux de paysage très-estimés, avait soin d'apprêter les teintes du ciel en assez grande quantité pour qu'il lui en restât suffisamment pour en faire entrer plus ou moins dans le mélange des couleurs qui devaient lui donner le ton local des objets, et cela suivant le plan qu'ils devaient occuper.

Des eaux.

Le premier mérite des eaux est la planimétrie ; elle dépend de l'exactitude du dessin des contours : ensuite vient la transparence, qui s'obtient par des couleurs transparentes, et principalement par la répétition rigoureuse de la forme des objets.

Plus les eaux sont éloignées de l'œil, plus elles répètent fidèlement la couleur du ciel qui leur est opposé.

Des fabriques et des terrains.

Les murs des fabriques et les terrains demandant de la solidité, s'exécutent avec des couleurs opaques, telles que le blanc de plomb, l'ocre jaune, l'ocre de ru, le chrome rouge, le brun-rouge, le rouge de Mars, et le cobalt qui leur donne un ton fin ; quand on emploie dans des parties des couleurs transparentes, c'est seulement pour glacer. MM. Hippolyte Bellangé et Lepoitevin obtiennent de fort beaux tons de terrains avec le blanc mélangé de bitume ; la terre de Cassel ajoutée au blanc ou au jaune brillant en donne aussi qui ont beaucoup de finesse.

Des arbres et de la verdure en général.

Composition des couleurs vertes.

Le chrome rouge, le jaune indien et le bleu de Prusse

sont les fondements des *verts ordinaires;* mais quand on veut les avoir d'un ton plus chaud, on y ajoute de la terre de Sienne brûlée, du brun-rouge ou de la laque rouge; pour les rendre plus foncés, on y mêle de la terre de Sienne naturelle et du bitume, etc. Quant aux *verts frais,* ils sont le résultat du mélange du chrome jaune clair et du vert émeraude, du jaune minéral, ou du jaune brillant et du vert émeraude, et quelquefois du cobalt; pour rendre le ton de ces verts plus chaud, on y mêle du jaune indien.

La couleur *vert de saule* et les *verts blanchâtres* ont pour base le jaune brillant, la laque rouge de garance et le bleu de cobalt; quelquefois on y ajoute un peu de jaune minéral, ou du vert émeraude. Dans les *verts chauds,* rouges et brûlés de l'automne, il entre de la terre de Sienne brûlée, de l'ocre jaune et du bleu de Prusse pour les plus clairs; puis du brun-rouge, du bitume, de la terre d'Italie naturelle et du bleu de Prusse pour les plus foncés. Pour parvenir à la variété des rouges et des jaunes verts de cette époque, on se sert aussi du chrome rouge, du rouge de Mars, et même du vermillon.

Des couleurs vertes qui servent à glacer.

La laque jaune de gaude et le cobalt donnent un ton que l'on emploie pour glacer les parties claires; y ajoutant du jaune indien, on rend ce ton plus chaud et pouvant servir à glacer le dessous des branches claires. Le jaune indien et la laque rouge, mêlés ensemble, peuvent réchauffer toutes les parties vertes. Le jaune indien et le bleu de Prusse peuvent foncer les demi-tons de vert. Le jaune indien, la laque rouge, le bitume, et le bleu de Prusse donnent, étant mélangés ensemble, les glacés les plus vigoureux dont on puisse se servir pour la verdure en général.

CONCLUSION.

Les arbres, les broussailles, et même les gazons, présentent la plus grande variété de couleurs ; aussi les grands maîtres paysagistes ont-ils traité la verdure en général avec une attention toute particulière ; dans la partie des gazons même, lorsque l'espace qu'ils contiennent est assez considérable, ils ont eu le soin, à part le modelé et le ton local, de les nuancer comme ils le sont dans la nature, afin d'indiquer qu'il entre dans ces masses de verdure des herbes de différentes espèces, dont les couleurs sont différentes.

Si les gazons offrent de la diversité de nuances dans leur verdure, il en est bien autrement des arbres, dont chaque espèce a sa forme et sa couleur particulières. Le paysagiste doit connaître ces différences, qui le conduisent à savoir distinguer le chêne du hêtre, l'orme du tilleul, le platane de l'érable et du sycomore, etc., etc., afin que dans ses tableaux il reproduise ces types avec fidélité. Du reste, pourquoi serait-il permis au peintre de paysage de reproduire toujours un même arbre dont on ne pourrait distinguer l'espèce, quand le peintre d'histoire se donne la peine de rechercher et de retracer les caractères exacts de la race humaine qu'il veut mettre en scène? Pour bien connaître les arbres, il faut les avoir étudiés isolément et en réunion de plusieurs espèces, avoir observé *la forme de la feuille, qui détermine toujours la forme des masses.* On doit aussi avoir remarqué la gradation de couleur successive qu'offre leur couleur locale, tant à la naissance des feuilles au printemps, que lorsque ces feuilles sont parvenues à toute leur croissance en été, et lorsqu'elles commencent à se jaunir, puis à rougir, et enfin à tomber à l'entrée de l'hiver. On doit avoir apporté, dans cette étude, la plus grande attention à bien connaître la forme particulière et la couleur des troncs, et surtout la disposition et la physionomie du branchage, etc.

Ce sont les grosses branches ou branches principales qui donnent de la solidité aux arbres, et les petites branches qui concourent à alléger les masses de feuilles et à leur donner du gracieux.

De toutes les phases de l'année, celle qui charme le plus la vue par la belle verdure du feuillé des arbres, est, sans contredit, le printemps; il semble qu'à ce moment les arbres, régénérés par leur jeune vêtement, sont plus heureux, et qu'ils cherchent à le témoigner par leur couleur tendre et riante. Cependant, j'ai souvent entendu dire, même par des peintres de paysage, que dans cette saison la verdure des arbres est par trop verte, par trop monotone ; l'artiste paysagiste qui tient un tel discours doit ignorer complétement les gracieuses diversités de formes et les douces et harmonieuses couleurs qui n'appartiennent qu'à cette époque fortunée.

Aujourd'hui que la phalange dite romantique, dont M. Édouard Bertin, l'inspecteur-général des beaux-arts, était le directeur, et qu'il soutenait par l'influence de sa haute position, s'est tout à fait suicidée par la bizarrerie de productions excentriques et anti-naturelles ; qu'une réaction provoquée par notre célèbre Watelet, est si bien continuée par les Diday, les Calame, les Jules Coignet, les Lapito et quelques autres, qui sont venus offrir aux expositions du Louvre des œuvres si vraies et si attrayantes pour le public, j'espère que d'ici à peu d'années il ne sera plus permis à un paysagiste de représenter de la nature d'après un système routinier qu'il aura inventé à sa guise ; mais qu'à l'exemple des talents que je viens de citer, il habitera la campagne la plus grande partie de l'année, afin de consulter tous les jours la nature, et, par ce moyen, de se trouver continuellement sous son inspiration.

THÉNOT.

FIN.

SOMMAIRES DES MATIÈRES.